Génesis del Ensanche de
Tetuán (Marruecos)

EDITORIAL
UNIVERSIDAD DE SEVILLA

COLECCIÓN

m editerráneo

TEXTOS Y ESTUDIOS

ANTONIO REYES RUIZ

Génesis del Ensanche de Tetuán (Marruecos)

El papel de la burguesía comercial catalana

EDITORIAL
UNIVERSIDAD DE SEVILLA

SEVILLA 2024

Colección Mediterráneo: Textos y Estudios
Número 1

Motivo de cubierta: Plano del Ensanche. Museo Sefardí de Toledo.
Ministerio de Cultura y Deporte.

© Editorial Universidad de Sevilla 2024
c/ Porvenir, 27 - 41013 Sevilla.
Tfnos.: 954 487 447; 954 487 451
Correo electrónico: info-eus@us.es
Web: https://editorial.us.es

© Antonio Reyes Ruiz 2024

Impreso en papel ecológico
Impreso en España-Printed in Spain

ISBN: 978-84-472-2758-7
Depósito Legal: SE 2927-2024

Diseño de cubierta y contracubierta: Belén Abad de los Santos.
Maquetación: referencias.maquetacion@gmail.com
Impresión: Masqeulibros

Índice

Presentación

Con esta monografía, *Génesis del Ensanche de Tetuán (Marruecos). El papel de la burguesía comercial catalana*, de Antonio Reyes Ruiz, inicia su andadura la colección *Mediterráneo: Textos y Estudios*, una idea que nace desde el trabajo y la ilusión de un grupo de personas vinculadas a la Universidad de Sevilla y a otras universidades y organismos de investigación, y unidas en este proyecto de publicaciones sobre el Mediterráneo, un espacio común, multicultural, complejo y diferenciado a lo largo de la historia.

Mediterráneo: Textos y Estudios asume el compromiso de publicar obras del máximo rigor científico y de la mayor calidad formal, para contribuir así a difundir los resultados de la investigación interdisciplinar en temáticas y áreas de conocimiento muy diversas: historia, geografía, política, género, biodiversidad, lenguas y sus literaturas, arquitectura y vivienda, medioambiente, viajeros, relaciones norte-sur, interculturalidad, migraciones, así como traducciones al español de textos relevantes desde cualquier otro idioma, cuya temática esté vinculada con nuestro mar común, el Mediterráneo, en sus diferentes coordenadas espaciales y temporales.

La nueva colección está dirigida a un público académico y profesional, aunque se plantea también como una colección de interés general destinada a transferir a la sociedad el conocimiento científico. Con este objetivo, invitamos a investigadores e investigadoras, cuyas temáticas de trabajo giren en torno al Mediterráneo, a que nos hagan llegar sus originales, que serán valorados por la dirección y el personal técnico de la Editorial, antes de proceder a la evaluación por pares ciegos, que garantice la calidad e interés científico de las obras.

El primer número de nuestra colección, *Génesis del Ensanche de Tetuán (Marruecos). El papel de la burguesía comercial catalana*, aborda un tema inédito hasta el momento: la intervención de la burguesía catalana en la concepción y desarrollo del Ensanche español de Tetuán. En concreto, el trabajo se centra en el decisivo papel que desempeñó la Sociedad Anónima Oliva, y el entramado societario tejido por sus promotores, un tema en principio colateral al estudio del Ensanche, poco o nada tenido en cuenta hasta el momento, y que, sin embargo, se convierte aquí en pieza fundamental para entender el contexto sociopolítico y el devenir de las relaciones entre el colonizador y la población autóctona antes y durante el Protectorado español en el norte de Marruecos (1912-1956). Las nuevas fuentes incorporadas a este estudio, las actas notariales y la prensa de la época, el trabajo minucioso de hemeroteca, y la investigación rigurosa llevada a cabo por Reyes Ruiz, aportan claves inesperadas que conducen a una nueva interpretación de lo sucedido en este primer tercio del siglo XX en la que fuera capital del Protectorado, un periodo complejo en la historia de España y de sus relaciones con Marruecos.

Antonio Reyes Ruiz es doctor *cum laude* por la Universidad de Sevilla. Historiador de formación, e investigador con una larga trayectoria, ha publicado numerosos trabajos, artículos y monografías, sobre temas relacionados con Marruecos en general, y, en particular, con la ciudad de Tetuán como foco de atención. Vinculado a este país desde hace años, su trabajo parte no solo de la investigación rigurosa, sino también del profundo conocimiento que le ha dado su larga experiencia de estudio y trabajo a ambos lados del Estrecho. La publicación del libro que inaugura esta colección, *Génesis del Ensanche de Tetuán*, coincide con la presentación a la UNESCO del dossier para la declaración del Ensanche como Patrimonio Mundial de la Humanidad. Esperamos que la publicación de esta obra contribuya en buena medida al logro de estos objetivos. Ese es nuestro deseo.

La colección *Mediterráneo: Textos y Estudios* ha tenido una excelente acogida y ha recibido un importante impulso por parte de la Editorial Universidad de Sevilla, a cuya directora y equipo damos las gracias por su apoyo, por sus ideas, y por haber creído en nuestro proyecto desde el principio. Gracias igualmente a todas las personas que integran el Consejo de Redacción y el Comité Científico de esta colección. Formar parte de este equipo y de esta prestigiosa editorial universitaria es un honor para nosotros, un reto que nos comprometemos a asumir y a dar continuidad con el mismo entusiasmo con el que iniciamos esta aventura.

María Dolores López Enamorado
Directora de la colección Mediterráneo: Textos y Estudios

Introducción

Ignorar o perder de vista el contexto
es proponer una explicación ahistórica[1].

En el estudio e investigación de los grandes temas, caso del Ensanche de Tetuán, siempre se van quedando al margen cuestiones colaterales —intrascendentes pensarán algunos— que, alejadas cada vez más en el tiempo y en la memoria, permanecen difuminadas, olvidadas, sin que el papel que desarrollaron las mismas en la trama principal sea desvelado. Pero hay ocasiones en que esas cuestiones colaterales, cuando se profundiza en ellas, se observa que fueron de especial relevancia. En una de esas cuestiones se centra este trabajo.

Esta monografía nace con la intención de ofrecer luz documental, a través de las escrituras notariales y de un amplio recorrido por la prensa de la época (prestando especial atención a la vinculada a Tetuán y a la catalana), sobre uno de los aspectos que, referido a la génesis y al desarrollo del Ensanche de Tetuán, sobre todo en su primera década, no ha sido estudiado hasta el momento y que, cuando se ha hecho referencia a él, siempre ha sido de manera tangencial: la participación de la Sociedad Anónima Oliva-Ensanche de Tetuán y el entramado societario tejido por sus promotores en el origen y evolución de lo que se denominó en sus albores el «nuevo barrio europeo» de la capital del Protectorado español en Marruecos.

El hecho de que una sociedad anónima constituida en Barcelona y dirigida por empresarios de la mediana burguesía industrial y comercial catalana asumiera (incluso antes de la ocupación española de Tetuán en febrero de 1913) durante algunos años el timón y el rumbo del Ensanche viene a poner de

---

[1] Amat Fusté 2018: 145.

manifiesto uno de los caracteres específicos de la filosofía urbanística que sustentará el desarrollo del Ensanche de Tetuán: la «nueva ciudad» creció, con el asentimiento de las autoridades del Protectorado y del Estado español, de la mano de la iniciativa privada desde una concepción netamente capitalista, poniendo de manifiesto que la «nueva ciudad» se pensó y desarrolló por y para la burguesía, ya fuera española, hebrea y, en menor medida, musulmana. Esta cesión fue aprovechada por los promotores privados para primar en sus actuaciones el beneficio empresarial (entiéndase especulación y plusvalías) sobre las necesidades reales de la población, de la autóctona y de la abundante que llegó a Tetuán, dejando a un lado el gran problema que sufría la ciudad en esos momentos: la ausencia de lugares dignos en los que vivir, la falta de viviendas para las clases populares, llamadas a levantar con su trabajo y esfuerzo la «nueva ciudad». En el orden práctico, la Sociedad Oliva sustentó y dio visibilidad a la filosofía y a la praxis urbanística del Ensanche, consiguiendo aunar a los propietarios y promotores de Tetuán en su conjunto (del Ensanche, de la calle Luneta y del llamado «barrio moro o morería») en torno a esta concepción de la acción urbana.

He intentado en estas páginas enmarcar el nacimiento y devenir del Ensanche y el papel de la burguesía comercial catalana a través de la Sociedad Oliva, en un ejercicio de contextualización histórica, basado, en tres pilares: en el análisis de las fuentes hemerográficas de los años previos a la ocupación española del norte de Marruecos, lo que denomino el periodo de tránsito, en el que encontramos las bases del futuro Ensanche; en publicaciones recientes sobre Historia contemporánea de España y sobre algunos de los personajes claves de finales del siglo XIX y primer tercio del siglo XX en España y en Cataluña, como el Conde de Romanones, Primo de Rivera, Alfonso XIII o Francesc Cambó, y, por último, en la génesis y el desarrollo del nacionalismo catalán, que emerge con fuerza en el periodo estudiado, y que tendrá una fuerte influencia en algunos de los actores presentes en esta investigación. Con este objetivo de contextualizar históricamente personajes y acontecimientos, he utilizado deliberadamente algunas notas a pie como elementos explicativos complementarios que faciliten una mejor comprensión del texto, un adecuado enmarque de lo descrito en el mismo y también para resaltar el espíritu divulgativo de esta investigación, de manera especial en el norte de Marruecos.

Este esfuerzo de contextualización, complejo y laborioso a veces, se sustenta básicamente en dos consideraciones: en primer lugar, para la historiografía local, en este caso concreto la de Tetuán, resulta peligroso encerrar los

acontecencia de la historia de una ciudad, de una zona o de una comunidad en el reducido perímetro de su propio territorio sin mirar más allá del horizonte próximo. Abordar las cuestiones históricas locales de un modo singular olvida que los aspectos particulares siempre están interconectados con cuestiones más globales. Desde esta perspectiva, la historia local no es más que el modo en que en cada territorio se manifiestan o expresan fenómenos de escala más amplia o global, adaptándose, lógicamente, a las peculiaridades específicas de cada sociedad y de los grupos humanos que la conforman. Y en segundo lugar, porque no es posible entender la historia y evolución del Protectorado sin conexionarlas con la historia de España, con el momento sociopolítico que se vive en la península en esos años que, a mi entender, determinan, condicionan y explican los aconteceres que se suceden en el Protectorado. Del mismo modo, tampoco se puede entender la primera mitad del siglo XX de la historia de España, sin tener presente lo que significó el Protectorado español en Marruecos, ya que condicionó la acción de los gobiernos dinásticos hasta 1923, y que, por la incapacidad de éstos para afrontar, entre otros aspectos, la situación que se vivía en Marruecos, propiciaría el golpe de Estado y la Dictadura de Primo de Rivera, cuyo fracaso arrastraría consigo a la monarquía española provocando el exilio de Alfonso XIII. Y es que la penetración militar en Marruecos (1909-1927), desde sus inicios, dividió profundamente a la sociedad española y a su clase política, fue centro continuo de debates y enfrentamientos, de graves conflictos sociales, en definitiva, se convirtió en un continuo generador de consecuencias imprevisibles y perturbadoras para la sociedad española[2].

En este proceso histórico de intercomunicación e interdependencia entre la historia de España del primer tercio del siglo XX y la historia del Protectorado español en Marruecos, tuvo su génesis, evolución y desarrollo el Ensanche oeste de Tetuán, en el que la Sociedad Oliva y algunos de sus principales representantes, desempeñaron un papel destacado y desconocido. Y no solo en Tetuán, sino que el personaje más destacado del desarrollo de la compañía Oliva prolongó su actividad empresarial en Marruecos hasta finales de la década de los años 60 del siglo pasado, dirigiéndola hacia otras zonas y ciudades. Por ello he trazado un perfil biográfico de los personajes vinculados a la

 «Marruecos fue el principal problema que vivió la Monarquía. Marruecos fue indirectamente desde 1921 causa primordial del advenimiento de la República. Y Marruecos es además la única puerta por la que España se asoma a la vida internacional» (Gil Benumeya 1934b: 12).

Sociedad Oliva, especialmente de quien sería su artífice económico e intelectual: Esteban Emilio Feliú.

Para terminar esta introducción, me gustaría indicar que este trabajo, planteado, como he indicado, desde la investigación, pero con un claro objetivo divulgativo, se encuadra en los esfuerzos, individuales y colectivos, por ampliar el conocimiento de Tetuán —ciudad históricamente enmarcada en el ámbito Mediterráneo—, en especial en un momento en que se prepara la presentación a la UNESCO del dossier para la declaración del Ensanche como patrimonio mundial de la humanidad. Porque más allá de conflictos pasados, personajes, praxis urbanísticas, intereses políticos y económicos..., el tiempo, siempre paciente y veraz, ha emitido su juicio: «el nuevo barrio europeo», otrora reflejo de la acción colonial, se ha transformado hoy en un conjunto singular y diverso, hermanado en un todo armónico con la vieja ciudad, la medina.

En este sentido, Tetuán ha sido capaz de conciliar en su conjunto urbano tradición y modernidad, anclando esta síntesis en la memoria, la de ayer y la de hoy, de las colectividades que de ella han formado parte y, sobre todo, en la de los tetuaníes que, más allá del pasado, viven, trabajan y pasean por sus calles y que consideran el Ensanche como una parte esencial de su propia identidad.

Marruecos en el imaginario político español en el tránsito del cambio del siglo

El conocimiento de los hechos que acontecen en Marruecos en la primera mitad del siglo XX con la implantación del sistema colonial requiere, como punto de partida, su contextualización en la realidad social, política y económica que se vive en España desde finales del siglo XIX y en las primeras décadas del siguiente siglo. De alguna forma se puede afirmar, que será la realidad que se vive y respira en España, junto a la inesperada resistencia nativa a la ocupación española desde 1909 hasta mediados de la década de los años veinte, en especial en la zona del Rif, dos de los factores que más influirán en la evolución del Protectorado español en el norte de Marruecos y que condicionarán, a modo de *feedback*, el modo de actuar de políticos, militares y, en general, de una buena parte de la sociedad española.

Dos hechos, a mi juicio, van a marcar el comienzo de este periodo en España: los efectos del desastre de 1898 con la pérdida de Cuba y Filipinas, últimos reductos del ya extinto Imperio español, y la entronización del rey Alfonso XIII tras la regencia de su madre María Cristina de Habsburgo. Ambos aconteceres tendrán una importante repercusión en la política interior y exterior española y, por tanto, en Marruecos.

El desastre del 98, momento que sintetiza el deterioro continuado que había ido teniendo el antiguo gran Imperio español, puso de manifiesto la incapacidad militar y política española en el nuevo orden internacional, con la emergencia de una nueva potencia, Estados Unidos, que se unirá a las grandes potencias europeas dominantes del tablero internacional y, por ende, del reparto colonial: España, a partir de ese instante, se vio obligada a desempeñar un papel meramente secundario. Pero, sobre todo, el desastre supuso la asunción por una buena parte de la sociedad española, en especial por la intelectualidad, de la necesidad de regeneración del espíritu nacional que reorientara el pensamiento, la acción y los modos de hacer en la vida política española, dejando a un lado el pasado glorioso, a la vez que se buscaban nuevos territorios de expansión, y afrontando la nueva realidad para dar respuestas a las múltiples y en muchos casos extremas necesidades que sufría la población española.

La llegada del nuevo rey, Alfonso XIII, se interpretó en esa misma dirección. Su coronación simbolizó durante su primera década de reinado el demandado espíritu de regeneración: Alfonso, el rey regenerador, como lo conocía la prensa de la época y como el propio monarca se encargaba constantemente en autoproclamarse. Regeneración que aparece planteada como objetivo de su reinado, incluso antes de su entronización en 1902[3].

Esta idea de regeneración, encarnada en un rey joven y que conectaba bien con la población, alimentó nuevas esperanzas y representó el anhelado espíritu de cambio que albergaba la sociedad española. En definitiva, se pretendía una reformulación de principios que tanto necesitaba el país, tras el fin del imperio y las recientes derrotas coloniales, y también la propia monarquía, después del ominoso periplo de los monarcas borbónicos desde finales del siglo XVIII.

El paso del tiempo, sin embargo, determinó que el ansiado regeneracionismo no se transformara en un periodo de reformas, con lo cual ninguno de los dos acontecimientos reseñados llegó a tener una plasmación real y concreta en la difícil situación que vivía España. Un país sumido en las primeras décadas del siglo XX en la desunión del ejército —junteros[4] y africanistas—; en la división política —conservadores y liberales, los partidos dinásticos, deseosos de la continuidad del turnismo de la Restauración— que acabaría en la Dictadura de Primo de Rivera; en la aparición de nuevos vectores sociales y políticos —la emergencia y fortaleza sindical y política del socialismo y del

---

3   El futuro rey anotaba en su Diario, meses antes de su entronización, algunos de los objetivos de su futuro reinado: «Yo puedo ser un Rey que se llene de gloria regenerando la patria, cuyo nombre pase a la Historia como recuerdo imperecedero de su reinado [...] Yo espero reinar en España como rey Justo. Espero al mismo tiempo poder regenerar la patria...» (Castillo Puche 1960: 110).

4   Eran así llamados los oficiales del cuerpo de Infantería que se agruparon en las llamadas Juntas de Defensa. Sus antecedentes hay que buscarlos en la Ley de Jurisdicciones de 1906 que castigaba las ofensas al ejército a ser juzgadas por el fuero militar, lo que suponía un menoscabo al poder civil. Durante la década siguiente fueron ganando peso político, oponiéndose a la política vigente y cuestionando, entre otras cosas, los agravios que sufrían los militares de rango medio de la península frente a sus compañeros del ejército que actuaban en Marruecos –los africanistas–, que ascendían mucho más deprisa por méritos de guerra, colocándose en el escalafón muy por delante de ellos. Recordemos que Franco alcanzó el generalato, gracias a las campañas africanas, a la edad de 33 años.

Figura 1. «Aspecto del Congreso de los Diputados en el día de la jura». *La Ilustración española y americana*, año XLVI nº XIX de 22-5-1902: 308. Foto: Antonio Cánovas. Imagen procedente de los fondos de la Biblioteca Nacional de España

anarquismo— que engendraron alarma entre las clases dirigentes; las acciones terroristas (que alcanzaron al propio rey con dos atentados en 1905 y 1906 y los magnicidios de los presidentes del Consejo de Ministros: Cánovas del Castillo, 1897, José Canalejas, 1912 y Eduardo Dato, 1921) que sembraron de inquietud la vida política española; los acontecimientos internacionales del momento, como la Revolución bolchevique de 1917 o la I Guerra Mundial, que generaron temor sobre las posibles repercusiones que pudieran tener en España... Un país que, aún bajo de estas circunstancias, desde las últimas décadas del siglo XIX «presentó una evolución industrial sin precedentes» (Caballero Echevarría 2013: 87). A pesar de ello, «el fenómeno llamativo del siglo XIX y principios del XX [en España] no era la industrialización, sino el atraso respecto a Europa» (*ibid.*: 88). De este modo, la sociedad española se encontraba, en comparación con los países europeos, atrasada económica, social, cultural y educativamente (el analfabetismo a comienzos de nuevo siglo rondaba el 60%) y sufría los efectos del caciquismo, de las corruptelas políticas y económicas, agios y especulaciones que afectaban a la administración y que llegaban, según el sentir público, hasta la propia Jefatura del Estado.

Las expectativas de regeneración, al transformarse en la práctica en un discurso vacío, transmutaron al regreso del dominio del inmovilismo –ausencia de reformas– en la política, de la progresiva supremacía del poder militar sobre el civil, del predominio del sector africanista en el ejército que fue ganando terreno conforme avanzaba la resistencia marroquí y al fortalecimiento creciente del catolicismo como bastión básico de la idea de España, simbolizado en la consagración del país al Sagrado Corazón de Jesús en 1919. En definitiva, se impuso un pensamiento marcado por la vuelta a las glorias pasadas, mediante una lectura evocadora de nuestra historia que aunaba la primacía del poder militar y religioso, junto a la continuidad de la idea imperial, máximas expresiones del mantenimiento de la ideología absolutista de la primera mitad del siglo XIX y del posterior inmovilismo o conservadurismo en lo político, ajeno al necesario proceso de reformas en profundidad y de democratización que demandaba el país[5]. El programa de la visita del rey Alfonso XIII al Protectorado en octubre de 1927, recién conseguida la pacificación de los territorios del Rif, fue un ejemplo significativo de la importancia de estos pilares, no solo en la evolución política del país al final del primer tercio del siglo XX, sino también, a esas alturas, en el propio pensamiento del monarca: el rey «regenerador» terminó convirtiéndose, en especial tras su asentimiento a la Dictadura de Primo de Rivera, en un factor que, a los ojos de una gran parte de la sociedad española, imposibilitaba el cambio y la transformación social y política de España[6].

[5] «Los rasgos definitorios de la nación española eran el catolicismo, la Monarquía, las Fuerzas Armadas y, por extensión, el Imperio» (Townson 2018: 147).

[6] Los ejes básicos de la visita del Rey Alfonso XIII al Protectorado fueron: 1) El reforzamiento del papel del ejército y su estrecha vinculación con el rey. Así, visitó el acuartelamiento de la legión de Dar Riffien, en Castillejos, cuerpo con el que se sentía particularmente unido por su cercana relación con el fundador del mismo, Millán Astray; visitó el cementerio militar en el que estaban enterrados una parte de los militares caídos en los enfrentamientos en Marruecos y, por último, durante su visita otorgó títulos nobiliarios a los considerados «héroes» de la Guerra del Rif: el general Sanjurjo fue nombrado Marqués del Rif y el general Dámaso Berenguer, Conde de Xauen. De ese modo los «africanistas» del ejército, apoyados por el Rey, no solo se conectaban con la nobleza hispana, sino que también lo hacían con nuestro «glorioso pasado»: tras la primera toma de Tetuán por el ejército español (1859-1862), al general O'Donnell le fue otorgado por la reina Isabel II el título de Duque de Tetuán. 2) La presencia de los Reyes en ceremonias religiosas y muy especialmente destacable fue su visita a la nueva Iglesia católica, acompañados de las máximas autoridades eclesiásticas y militares de la zona. 3) El reforzamiento en todos sus discursos del papel de España como fuente civilizadora, destacando aquellos proyectos que se habían puesto en marcha en el Protectorado y conectándolos con anteriores acciones coloniales arraigadas en el gran Imperio español de la Edad Moderna. Véase, respecto a la visita, *El Norte de África*, n.º 3514 de 7-10-1927: 1 y 2; *La Opinión*, n.º 1148 de 27-10-1927: 1 y la revista *Nuevo Mundo*, n.º 1760 de 14-10-1927: 11. Para

Figura 2. Paseo de la reina Victoria Eugenia por la medina de Tetuán, acompañada de Primo de Rivera, presidente del Consejo de Ministros, y del Marqués de Bendaña, ministro de la Guerra. *Revista Nuevo Mundo*, nº 1760 de 14-10-1927: 11. Foto: Díaz Casariego. Imagen procedente de los fondos de la Biblioteca Nacional de España

En este contexto, Marruecos era el escenario idóneo en el que evidenciar este pensamiento nostálgico. Una idea que venía alentada, desde finales del siglo XIX, por un lado, por los africanistas, lo que daría lugar a la creación de los Centros Comerciales Hispano-Marroquíes y de las Cámaras de Comercio norteafricanas y, por otro, por una buena parte de la burguesía económica y financiera deseosa de reinvertir los capitales antillanos repatriados tras el desastre

conocer más sobre la evolución de estos tres aspectos reseñados en el reinado de Alfonso XIII, véase Moreno Luzón 2023.

del 98. Una burguesía, de modo especial la catalana, que, desde su conexión progresiva con el incipiente catalanismo[7], seguía aferrada a la necesidad de un nuevo imperio para resarcirse de la pérdida de los mercados coloniales asiáticos y americanos y, especialmente, para abrir vías comerciales en nuevos territorios que colmaran sus aspiraciones económicas y que fueran fuente de oportunidades empresariales y de pingües negocios.

De este modo, a finales del siglo XIX comenzaría la penetración social, económica y financiera en Marruecos, la denominada «penetración pacífica», que propiciaría, al inicio de la segunda década del siglo XX, la penetración política y militar en el norte de Marruecos que culminaría con la administración de esos territorios, primero como zona de influencia y posteriormente como Protectorado.

---

[7] Los términos catalanismo/catalanista, que utilizaré reiteradamente, tienen en el texto una doble consideración: por un lado, hacen referencia al discurso y a la praxis política de la Lliga Regionalista, partido dominante en el nacionalismo catalán entre 1901-1923, año en que comienza la Dictadura de Primo de Rivera (periodo coincidente con la génesis y primer desarrollo del Ensanche de Tetuán en el que está centrado este trabajo). «Su programa era posibilista, al buscar vías de «autonomía» dentro de las instituciones, sin cuestionar el sistema» (Ucelay-Da Cal 2018: 75). Sus principales representantes fueron, entre otros, Prat de la Riba, Francesc Cambó, Josep Ventosa y Lluis Domènech i Montaner. Y, por otro lado, el término catalanismo también llevaba implícito, en la situación de subdesarrollo de la España de finales del siglo XIX y primera mitad del XX, la consideración social de que Cataluña era la zona de España más unida, en todos los sentidos, a la modernidad. En palabras de Dionisio Ridruejo: «El trozo de Europa que los españoles tenemos está entre el Ebro y el Pirineo» (según Amat Fusté 2018: 173).

2 La penetración social, cultural y económica, antesala de la dominación política

P ara las élites económicas hispanas, especialmente para una buena parte de la oligarquía económico-financiera española y de la burguesía catalana, el mercado colonial del decadente Imperio español supuso un sostén importante en su afán expansionista y en la explotación de sus abundantes negocios. Tras la Guerra de África de 1859, vivamente apoyada y aplaudida desde la sociedad catalana[8], progresivamente la expansión colonial se situó de nuevo en el horizonte

> ya claramente orientada hacia Marruecos y Guinea [...] [de modo que] las principales empresas industriales y navieras catalanas tuvieron un vivo interés por todo lo que ocurría en el continente africano (Martín Corrales 2011: 121-122).

Recogiendo el testigo africanista y el del movimiento cultural de la *Renaixença*, surgido a mediados del XIX (Amat Fusté 2018: 96), Enric Prat de la Riba, el principal ideólogo y una de las cabezas visibles del catalanismo, le daría forma de proyecto político en 1901 con la Lliga Regionalista. Pero sería el desastre de 1898 el que marcaría el punto de inflexión para que la acción

---

[8] El apoyo entusiasta catalán a la Guerra de África se puso de manifiesto en el envío de «*466 voluntarios* «de la clase de tropa» entre sargentos, cabos y soldados, y 19 mandos «de oficiales»» (García Balañá 2002:27) alistados para los combates y en la edición en Barcelona del periódico *El cañón rayado. Periódico metralla de la Guerra de África*, que, con seis números al mes, cubrió toda la guerra. A su regreso a Barcelona, terminada la ocupación de Tetuán, los *voluntaris* tuvieron un recibimiento multitudinario en las calles. Los supervivientes formaron la Asociación de Socorro para los supervivientes voluntarios catalanes de la Guerra de África de 1860, que recibía ayudas públicas y que cada mes de mayo celebraban un acto, con la presencia de autoridades locales y provinciales, en recuerdo de la batalla de Tetuán. Véase al respecto, entre otras muchas publicaciones que recogían estos actos, *El Diluvio. Diario político de avisos, noticias y decretos* (Barcelona), n.º 36 de 5-2-1906: 7. ed. vespertina, *El Borinot. Setmanari de Barrila* (Barcelona), n.º 23 de 11-12-1924: 11 o *ABC*, n.º 300 de 6-11-1905.

Figura 3. Cabecera de *El cañón rayado. Periódico metralla de la Guerra de África*, editado en Barcelona entre diciembre de 1859 y marzo de 1860 con motivo de la toma de Tetuán por el ejército español. Imagen procedente de los fondos de la Biblioteca Nacional de España

expansionista de la oligarquía económica y de la burguesía catalana comenzara a hacerse efectiva en el norte de África[9], situando al incipiente catalanismo como el vehículo capaz de aunar la defensa de la personalidad propia catalana con el apoyo a la expansión colonial y a sus aspiraciones e intereses empresariales y económicos[10].

A esta circunstancia, favorecida por la progresiva mundialización financiera de comienzos del siglo XX, contribuyó, como se ha indicado, la acción de sociedades que propiciaron el interés colonial por Marruecos, caso de los círculos africanistas de la Sociedad Geográfica de Madrid y sobre todo la Sociedad Española de Africanistas y Colonistas, en especial tras la firma de la Declaración relativa a Egipto y Marruecos entre británicos y franceses, acuerdo suplementario a la *Entente Cordiale*, de 1904 (Marchán Gustems 2019: 65), firmado entre Francia e Inglaterra y que dejaba fuera del reparto colonial africano a Alemania. Este conjunto de circunstancias propició, desde

---

[9] «La pérdida definitiva de las islas caribeñas y del archipiélago filipino en 1898 facilitó que los capitales, energías y ambiciones se desviaran resueltamente hacia el continente africano, especialmente hacia Marruecos» (Martín Corrales 2002: 169). Para conocer más la vocación colonial del primer catalanismo y su unidad con el imperialismo de Prat de la Riba, véase *ibid.*: 176-180 y 189-194.

[10] Martín Corrales, en su repaso histórico sobre los viajeros catalanes por tierras del norte de África y el Próximo Oriente entre 1833-1913, indica que a finales del siglo XIX «como había acontecido en 1859-1860 –con la unanimidad ante la Guerra de África–, continuó existiendo una perfecta compenetración entre el colonialismo español a la búsqueda de nuevas colonias y el recién nacido catalanismo político, que ambicionaba lo mismo, aunque comenzaba a cuestionar la capacidad colonizadora de España» (Martín Corrales 2006: 91).

Figura 4. Voluntarios catalanes delante de la estatua de la reina Isabel II. *Caras y Caretas* (Buenos Aires), nº 375 de 9-12-1905: 24. Imagen procedente de los fondos de la Biblioteca Nacional de España

la perspectiva española, la puesta en marcha de instituciones que actuaron a modo de pista de aterrizaje o de avanzadilla en sus deseos de penetración en territorio norteafricano. El caso más paradigmático fue el de Tánger, con la creación de la Cámara de Comercio, 1886, y años más tarde de los Centros Comerciales Hispano-Marroquíes (fundados en Barcelona, Madrid y Tánger a comienzos del siglo XX)[11], para favorecer la influencia y el desarrollo comercial de España en Marruecos. A través de su órgano de opinión, la revista quincenal *España en África*, los Centros Comerciales desarrollaron un importante papel de concienciación de una parte de la sociedad política española hacia la apertura exterior de España[12] y hacia la penetración comercial en el continente africano, «deseosos de dejar atrás las humillaciones del final de siglo» (Moreno Luzón 2023: 190). Entre 1907 y 1910 la celebración anual de los Congresos Africanistas sirvió de base para exponer al mundo empresarial y financiero

[11]   Respecto al papel de los Centros Comerciales Hispano-Marroquíes, véase López García 1973 y 2007: 33-55.

[12]   A finales de 1905 *España en África* publicaba una relación de los senadores y diputados que «forman parte de los Centros Comerciales Hispano-Marroquíes, como también de los que están plenamente conformes con nuestro programa». Entre otros figuraban los senadores Ángel Pulido o Rafael M.ª de Labra y diputados liberales o republicanos como Segismundo Moret, el Conde Romanones, Alejandro Lerroux o José Canalejas (*España en África*, n.º 6 de 10-10-1905: 7).

las posibilidades de inversión en África (Marchán Gustems 2019: 66). Con todo ello, representantes de empresas españolas y catalanas impulsaron el desarrollo y puesta en marcha de las Cámaras de Comercio norteafricanas y de otras instituciones, figurando desde sus inicios en sus órganos directivos[13]. Personaje clave en todo este proceso —en la llegada de empresas y en la creación de las instituciones citadas— fue el Marqués de Comillas (Claudio López Bru, 1853-1925), «la punta de lanza del colonialismo español en la zona» (Martín Corrales 2002: 172), quien, con la amplia experiencia familiar en los negocios coloniales en Cuba y Filipinas, llegó a Marruecos con su buque insignia, la Compañía Trasatlántica[14] radicada en Barcelona (para establecer líneas de navegación a vapor entre puertos de la Península y de África, en concreto los de Ceuta, Tánger, Larache, Rabat, Mazagán y Mogador), y sus bancos, el Hispano Colonial y el Crédito Mercantil, como instrumentos para rivalizar contra la banca francesa en la financiación del sultanato y para el desarrollo de sus inversiones, caso del alumbrado eléctrico, en este caso con la Compañía Trasatlántica de Electricidad que inauguró su primera fábrica en Tánger en 1891[15] (Mas Garriga 2019: 126).

Fueron muchas otras las empresas radicadas en Madrid y en Barcelona, algunas de ellas del sector textil, tan representativo de Cataluña, las que se sumaron a estas iniciativas[16], haciendo de la burguesía comercial e industrial catalana uno de los principales aliados de la política comercial española en suelo norteafricano, en definitiva, de lo que constituiría la penetración económica española en Marruecos, tan vivamente defendida y alentada desde el incipiente catalanismo.

---

[13] Así, Claudio López, segundo Marqués de Comillas, fue nombrado presidente honorario de las Cámara de Tánger y los empresarios catalanes Francisco Torras y Riera y Rodolfo Vidal ocuparon cargos en su directiva, el primero como vicepresidente. Véase, Martín Corrales 2002: 173.

[14] «Buque insignia del lobby Comillas y uno de los pilares fundamentales de la acción colonial española en el litoral norteafricano en las ultimas décadas del siglo XIX» (Martín Corrales 2006: 94).

[15] En 1917 los dueños de la fábrica, con el Marqués de Comillas a la cabeza, constituyen en Tetuán la Compañía Electra Hispano-Marroquí, con un capital social de 5 millones de pesetas, con el objetivo de trasvasar a esta nueva compañía la explotación de la fábrica de electricidad de Tánger, fábrica que sería aportada al capital social de la nueva compañía (Archivo Histórico de Protocolos Notariales de Madrid. Consulado de Tetuán, en adelante AHPNM. CT. Protocolo n.º 63 de 1917 y Protocolo n.º 24 de 1918).

[16] Así, las empresas textiles catalanas se volcaron en el Centro Comercial español de Tánger: «En mayo de 1888 eran ya más de veinticinco las empresas textiles que habían enviado sus muestrarios a Tánger» (Pastor Garrigues 2006: 737 y nota 1216).

Figura 5. «Vista de la fábrica de electricidad instalada en Tánger por la Compañía Trasatlántica». *Nuevo Mundo* (Madrid), nº 567 de 17-11-1904: 19. Imagen procedente de los fondos de la Biblioteca Nacional de España

En el caso de Tetuán, si bien el modelo de penetración económica y social fue similar al de Tánger –que por su cercanía y por su carácter de capital diplomática la convirtieron en paradigma de la penetración internacional–, no obstante, existieron notables diferencias entre ambas. Así, en primer lugar, en el ámbito económico y financiero, en Tetuán se establecen algunas empresas esenciales para el funcionamiento de la ciudad y de la industria, caso de la electricidad con la implantación de la Sociedad Electras Marroquíes[17], fundada por la oligarquía aristocrática española[18], que comenzó a producir y gestionar la energía eléctrica de la zona, tras adjudicársele la concesión del

---

[17] La Sociedad Anónima Electras Marroquíes se constituyó el 20 de noviembre de 1914 con un capital inicial de 3 millones de pesetas, con el objetivo de «suministrar alumbrado y fuerza a Tetuán, Larache y a cuántas plazas de Marruecos pueda convenir a la Sociedad» (AHPNM. CT. Protocolo n.º 142 de 1914 y *Anuario GarciCeballos* 1919-1920: 891-892). La Sociedad, que nació de la absorción de las sociedades Electra Tetuán y Electra Larache, ambas propiedad de José Luis Oriol (uno de los fundadores de la nueva compañía), realizó su primera actuación en la denominada «Central de La Hípica» en Tetuán. Posteriormente extendió su radio de acción a otras ciudades del Protectorado español, como Larache, Alcazarquivir y Arcilla, ampliando progresivamente su capital fundacional. La empresa continuó funcionando en territorio marroquí hasta 1977, año en que fue nacionalizada y transferida a l'Office National de l'Électricité (ONE). En su día, los restos de la primitiva Sociedad pasaron a depender del grupo Iberdrola, que conserva los archivos de la misma (http://www.lahistoriatrascendida.es/electras-marroquies/) [consulta: 20-5-2022]. Esta Compañía consiguió una actividad cuasi monopolística en el sector en esta zona, eclipsando los deseos de otras sociedades, caso de la Compañía Bilbaína de Electricidad que en 1913 presentó un proyecto para instalar en Tetuán una fábrica de alumbrado eléctrico (*África Española*, n.º 10 de 30-12-1913: 334).

[18] Entre los socios constituyentes figuraban José Luis de Oriol y Urigüen, Pedro Martínez de Irujo, Duque de Sotomayor y Gonzalo de Figueroa y Torres, Marqués de Villamejor, hermano del Conde de Romanones y socio también de la Compañía Española de Minas del Rif (AHPNM. CT. Protocolo n.º 142 de 1914).

alumbrado público de Tetuán (AHPNM. CT. Protocolo n.º 123 de 1915[19]), y del conglomerado de sociedades dependientes de la Compañía Española de Colonización[20] que, radicada en Tetuán, comenzará a tener un enorme peso e influencia en la sociedad y en la economía del Protectorado; en el campo financiero, el primer intento fue la constitución del Banco Español de Tetuán y Ceuta, con socios españoles y franceses, que con un capital de cinco millones de pesetas inició su andadura en 1914 (AHPNM. CT. Protocolo n.º 37 de 1914). En la ciudad también se establecieron agencias de bancos radicados en

---

[19] Archivo Histórico de Protocolos Notariales de Madrid. Consulado de Tetuán: en adelante AHPNM. CT.

[20] La Compañía Española de Colonización, al amparo de la creación por el Gobierno en 1914 del Código de Comercio del Protectorado para atraer capitales e inversiones a la zona española del norte de Marruecos, nació de la fusión con la Sociedad Española de Estudios y Construcciones en 1916, realizando su escritura de constitución en Tetuán ante el cónsul el 29 de enero de 1916, estableciendo en ella la sede de la misma. En sus estatutos indicaba que su objeto era «procurar y fomentar la actuación de los capitales españoles en todos los órdenes de la actividad económica que tienden a hacer efectiva y provechosa la colonización del África española y la nacionalización de sus intereses económicos». (*La Época*, n.º 23 635 de 6-8-1916: 3; *Madrid científico*, n.º 867 de 1915: 14-15 y n.º 906 de 1917: 15 y *Boletín oficial de la zona de influencia española en Marruecos*, n.º 17 de 10-9-1916: 24-25). Sobre el Código de Comercio, véase, Anexos al *Boletín oficial de la zona de influencia española en Marruecos* de 10-6-1914: 161-689). Orientada en sus inicios hacia el negocio inmobiliario y la colonización agrícola, con el tiempo fue diversificando sus intereses. Entre sus principales actuaciones destacaron la adjudicación y puesta en marcha de la línea férrea Ceuta-Tetuán, la creación de la sociedad Editorial Hispano Africana S.A. (*Boletín Oficial de la Zona de Influencia Española en Marruecos*, n.º 6 de 25-3-1917: 12 y *Anuario GarciCeballos* 1921-1922: 785) con 150 000 pesetas de capital social, dedicada al negocio editorial y de imprenta, y la sociedad Hoteles del Norte de África S.A. (*Boletín Oficial de la Zona de Influencia Española en Marruecos*, n.º 6 de 25-3-1917: 12-13 y *Anuario GarciCeballos* 1919-1920: 1273). Esta última sociedad fue constituida con 250 000 pesetas de capital social, con el objetivo de la adquisición y el arrendamiento de terrenos y la construcción y el arrendamiento de hoteles. En el terreno agrícola destacaron sus actuaciones en la zona de Tetuán y en el área de Melilla, orientada a la concesión de tierras a colonos. En este sentido, absorbe el haber social de la Compañía Agrícola Marroquí de Melilla (AHPNM. CT. Protocolo n.º 182 de 1916) y constituye como filial suya la Compañía Colonial de Industria y Comercio S.A. radicada en Nador (AHPNM. CT. Protocolo n.º 183 de 1916). Dejo fuera de esta relación, por estar circunscrita su actuación a la Región Oriental, a la principal empresa española radicada en el norte de Marruecos: la Compañía Española de Minas del Rif, en la que sus accionistas obtuvieron 2045 millones de pesetas de beneficio entre 1914 y 1966 (véase, Marchán Gustems 2019: 63). A pesar de esta elevada cifra, hay que consignar que los particulares y empresas españolas que poseían concesiones mineras en el Rif eran escasos en relación a los de otros países europeos. Así, hasta 1926 «Inglaterra poseía sesenta y dos (62) concesiones con cinco compañías; Alemania poseía treinta y tres (33) concesiones, dos de ellas representadas por particulares y el resto por una única compañía; en el caso de Francia, existían treinta y una (31) concesiones, asignadas a cuatro particulares y el resto a dos compañías; Holanda poseía once concesiones y media (11,5) asignadas a la misma compañía; y España poseía siete explotaciones y media (7,5), una asignada a un particular y las otras a dos compañías» (Caballero Echeverría 2013: 83).

Tánger, caso de Theo Furth y Cia., representada por León Abraham S. Israel, y la Banca Hassán, dirigida en Tetuán por Isaac Toledano Bensauli. En agosto de 1916 abre sus puertas la sucursal del Banco de Estado Marruecos dirigida por Rafael de Murga[21], y a inicios de la segunda década del nuevo siglo se produce en la ciudad la apertura de una sucursal del Banco de España, en 1920, y un año más tarde la del Banco Español de Crédito, la primera sucursal de esta entidad abierta en Marruecos (*La Actualidad financiera*, n.° 9929 de 9-11-1921: 7).

En segundo lugar, la actividad empresarial se realizó a dos niveles: de un lado, empresas de capital español radicadas en España y cuyos objetivos estaban en el norte de África y, de otro, empresas o sociedades de capital español que se establecen e incluso llegan a constituirse como tales en Tetuán[22]. Por último, el núcleo empresarial más notable, en lo que respecta al desarrollo del

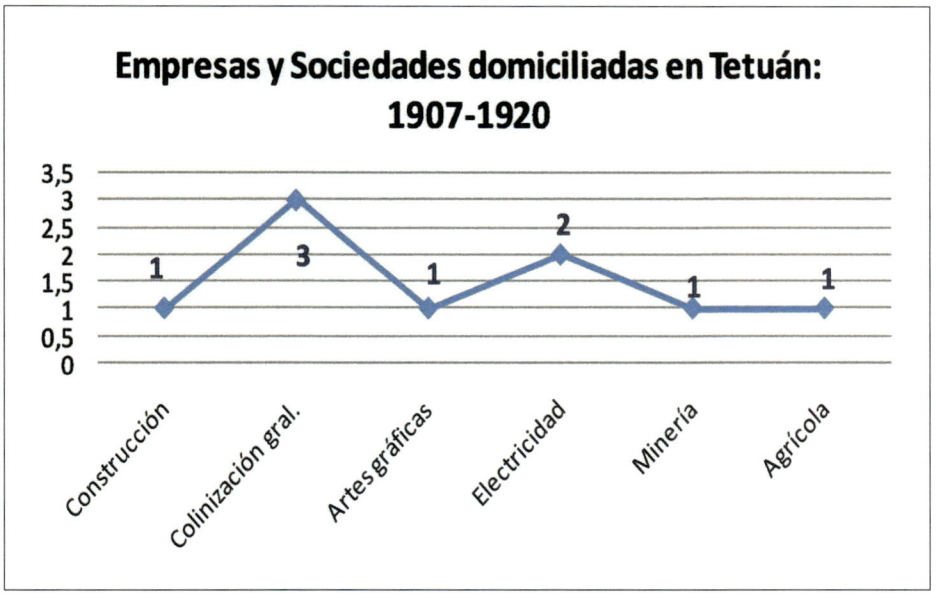

Figura 6. Empresas y sociedades domiciliadas en Tetuán (1907-1920). Elaboración propia a partir de Morales Lezcano 2015: 80-81

---

[21] Rafael de Murga dirigiría el Banco de Estado de Marruecos en Tetuán hasta 1944 (*Diario África*, n.° 373 de 14-2-1947: 2).

[22] El número de estas empresas domiciliadas en Tetuán desde 1907 a 1920 asciende a nueve, aunque cuatro de ellas comparten con Madrid su domicilio social y dos con Melilla. Agrupadas por sectores de actividad, se distribuyeron de la siguiente forma: construcción 1, colonización en general 3, artes gráficas 1, electricidad 2, minería 1 y agrícola 1 (véase respecto a los dos aspectos indicados, Morales Lezcano 2015: 80-81).

Ensanche de Tetuán, procede de la pequeña y mediana burguesía comercial e industrial catalana vinculada al catalanismo político que, con experiencia en el mundo del comercio internacional, en la banca, en el mundo de la bolsa, en la construcción y contratación de obras, en la minería y en la industria textil, en especial en el sector del hilo y el algodón, verá Marruecos, y en concreto la zona de Tetuán, como una opción para, a partir de su experiencia empresarial, expandir sus negocios fuera de Cataluña.

La puesta en marcha y el desarrollo del Protectorado no harán más que facilitar estos objetivos, convirtiéndose la propia administración en fuente generadora de negocios, principalmente en el terreno comercial, a través de los proveedores que cubrieron las ingentes necesidades del ejército hasta la pacificación en 1927 y en el de las infraestructuras, así como también cediendo a la iniciativa privada, a empresas y sociedades, el desarrollo de algunas actuaciones, caso de los ensanches, o de algunos productos, caso del monopolio del tabaco.

La Historia antes de la Historia oficial: cuestiones previas al inicio del Ensanche (1911-1913)

El 19 de febrero de 1913 el comandante general de Ceuta, el general Felipe Alfau, remitía un telegrama oficial a Álvaro Figueroa, Conde de Romanones, presidente del Consejo de Ministros, con el siguiente tenor:

> Tetuán. 19. 2'40 tarde.- Tengo el honor de participar a V. E. que entre dos luces de hoy, a pesar del tiempo lluvioso, la vanguardia de nuestras fuerzas ha ocupado la Alcazaba Tetuán y montaña Dersa, acampando lo restante de la columna a cuatro kilómetros de la plaza, testimoniando así nuestra presencia en señal de amistad.
>
> El Bajá, cuerpo consular y notables de la población han salido a recibirnos a tres kilómetros. Durante el trayecto me han saludado corporaciones, sociedades, escuelas y un público tan numeroso, que puede decirse era casi toda la población, habiendo muchos moros, cosa rara dada su religión. El Bajá ha ordenado se hiciera una salva de 21 cañonazos en honor de España.
>
> Todas las fuerzas a mis órdenes se unen a mí para felicitar a S.M. el Rey, al Gobierno y a la nación por la significación del acto de este día (*La Veu de Catalunya* (Barcelona), n.º 4949 de 20-2-1913: 2 (edición vespertina). [Traducido del catalán, idioma en que publicaba sus ediciones este diario].

El diario *El Correo Español* de Madrid recogía otro telegrama con similar texto enviado al gobierno por el cónsul español en Tetuán, Luciano López Ferrer. Más adelante, el diario completaba la información con el siguiente comentario:

> Lo que parecía un ideal, es ya una realidad. El comandante general de Ceuta, al frente de una columna de 3.000 hombres, entró en la ciudad y se posesionó de su alcazaba, sobre cuyas almenas ondea desde ayer, como ondeó en 1860, la gloriosa bandera de la patria... Este [el general Alfau] hizo

SEGUNDA EDICION-PARA MADRID

6 MAÑANA LA CORRESPONDENCIA DE ESPAÑA

AÑO LXIV.—NÚM 20.098.   Madrid.—Jueves 20 de Febrero de 1913.   Ediciones Mañana, Tarde y Noche.

LA ACCION ESPAÑOLA EN AFRICA

EL GENERAL ALFAU OCUPA TETUAN

Figura 7. *La Correspondencia de España*, nº 20.098 de 20-2-1913: 1. Imagen procedente de los fondos de la Biblioteca Nacional de España

su entrada en la ciudad, seguido de su Estado Mayor, á las doce de la mañana, entre estentóreos vivas á España y al Ejército. El recibimiento ha sido verdaderamente grandioso (*El Correo Español*, n.º 7320 de 20-2-1913: 1).

El resto de la prensa española, incluida la catalana, acogió también con satisfacción, en muchos casos con alborozo, la noticia[23].

---

23 Véase *Diario de Barcelona* (edición de la mañana), n.º 51 de 20-2-1913: 2524-2525, o *La Veu de Catalunya*, diario en catalán propiedad de la Lliga Regionalista, considerado el órgano oficial del partido. Tras pasar de semanario a diario en 1898, fue dirigido por Prat de la Riba. *La Veu* no solo informó profusa y pormenorizadamente de la acción protagonizada por el general Alfau, sino que recogió toda la operativa de la ocupación,

Al Ejército de ocupación
Nuestro saludo

Cincuenta y tres años hace que la pluma del insigne fundador de este periódico relató en esculturales párrafos el heroismo de los soldados que el 11 de Marzo de 1860 pasearon por las llanura de Buceja las banderas españolas y subieron a Samsa con Navarra y Chiclana.

Otra vez el 11 de Junio de este año los herederos de aquellos héroes pisaron las mismas tierras y ofrecieron nuevamente el holocausto de sus preciosas vidas en aras de la Patria.

Eco de Tetuan, aun añorando las vibrantes frases del gran estilista que le dió vida, quiere llevar también su modesta ofrenda a los dignos sucesores de aquellos mártires y dirigir su más entusiasta y respetuoso saludo a todos los miembros del ejército de ocupación, desde su ilustre general hasta el último de los hijos del pueblo que visten el honroso uniforme del soldado y que con su generoso sacrificio han conquistado en estas jornadas, diez kilómetros más de tierra africana para la causa de la civilización.

Al mismo tiempo eleva al Altísimo sus más fervientes preces por el eterno descanso del alma del jefe, oficiales y soldados, que unidos en el peligro entraron también unidos en la inmortalidad.

El Eco de Tetuán.

Figura 8. Saludo al ejército de ocupación. *El Eco de Tetuán*, nº 302 de 16-6-13: 1. Biblioteca General y Archivos de Tetuán

De esta forma culminaban las primeras campañas militares de España en Marruecos (enfrentamientos que durarían hasta 1927, con la denominada Guerra del Rif) que se habían iniciado en 1909 en la zona de Melilla, tras el ataque a trabajadores del ferrocarril minero y que desencadenaría el conocido como desastre del Barranco del Lobo[24]. Dos años más tarde, las

así como el sentir y satisfacción del presidente de la Delegación en Barcelona de la Liga Africanista, expresando «la confiança que té en que la opinió tributará an aquets projecte tots els aplaudiments i lápoiament que mereix» (*La Veu de Catalunya* de 20-2-1913: 3, edición vespertina).

[24] Este acontecimiento tuvo especial resonancia en la ciudad de Barcelona, julio de 1909, cuando miles de personas se manifestaron para impedir el envío forzoso de reservistas

acciones militares continuarían con la Campaña del Kert, ordenada por el presidente del Consejo de Ministros español, José Canalejas, «ante el temor de que Francia se estableciera en la zona de influencia española» (Serrano Sáenz de Tejada 2013: 32). Esta acción supuso la ocupación de Larache, Alcazarquivir y Arcila, solo días después de que las tropas francesas ocuparan Fez, y, sobre todo, trajo consigo el cambio en la orientación de la política española en Marruecos: el paso de la penetración pacífica a la penetración militar.

He querido abrir este apartado con la ocupación de Tetuán por las tropas españolas, que marca el definitivo asentamiento español en la ciudad, por cuatro razones significativas: en primer lugar, porque las expectativas generadas desde comienzos de siglo por las sociedades africanistas, compartidas por la burguesía y la oligarquía económica, de penetración empresarial, política y comercial en Marruecos se convirtieron en un hecho real con la ocupación de la futura capital del Protectorado; en segundo lugar, porque el paso de la penetración pacífica a la militar condicionaría el devenir futuro de la acción española en Marruecos y tendría enormes repercusiones en la situación sociopolítica española; en tercer lugar, porque la ocupación de Tetuán, que estuvo en «modo de espera» hasta el visto bueno de las grandes potencias, fue también el resultado final del proceso de progresiva penetración socio-política o «españolización» de la zona, que será comentado en el siguiente apartado; y por último, y quisiera subrayar esta afirmación, porque los antecedentes del Ensanche de Tetuán vamos a encontrarlos con anterioridad a la presencia «formal» española en la ciudad (19 de febrero de 1913) y, por tanto, a que se iniciara la formulación-redacción efectiva del Ensanche y la publicación de sus Reglamentos en 1914, paso que significaría de manera oficial su puesta en marcha. A rastrear estos antecedentes y al análisis de los periodos anterior y posterior a la toma de Tetuán están dedicadas las siguientes páginas.

---

a Melilla decretado por el Gobierno, a la vez que para expresarse de manera rotunda contra una guerra en Marruecos que no compartían. El resultado del levantamiento popular, la llamada Semana Trágica de Barcelona, fue de casi 80 muertos, múltiples condenas, cinco ejecuciones, entre ellas la de Ferrer Guardia que tuvo una enorme repercusión internacional, más de 100 edificios incendiados, la mayoría religiosos, y finalmente la dimisión del presidente del Consejo de Ministros, Antonio Maura. La Semana Trágica supuso el primer eslabón en la posterior consolidación de la negativa de una parte de la sociedad española a las intervenciones militares en Marruecos. Así, durante la celebración de la Diada previa al golpe de Estado de Primo de Rivera, la negativa se tradujo en gritos de los manifestantes de «Visca El Rif!» (Ucelay-Da Cal 2018: 106).

3.1. Los antecedentes del Ensanche: el periodo de tránsito previo a la ocupación española: «Tetuán se españoliza» (1910-1912)

El periodo previo a la puesta en marcha del Protectorado, 1910-1912, va a significar una etapa de tránsito decisiva en la colonización de Marruecos. Tres hechos fueron claves durante estos años: en primer lugar, como ya se ha indicado, la penetración militar se convertirá en la estrategia de actuación de los colonizadores: de un lado, la ocupación francesa de importantes zonas de Marruecos, que comenzó en Uxda en 1907 y se intensificaría entre 1910-1911, y de otro, la subsiguiente respuesta española con las campañas militares que culminaron con la ocupación de ciudades de la zona atlántica del oeste marroquí, en 1911; en segundo lugar, la firma del Tratado de Protectorado entre Francia y el Sultanato (el 30 de septiembre de 1912); y por último, la firma del Convenio franco-español (el 27 de noviembre de 1912) por el que, tras la presión de Inglaterra y la cesión a Alemania de territorios centroafricanos, se acordaba la puesta en marcha de la zona de influencia española en el norte del Protectorado[25]. En síntesis, como indica Núñez Seixas (2018: 291-292), «el país llegó tarde a la carrera colonial del último tercio del siglo XIX, obteniendo sólo algunos territorios secundarios en África».

Durante este periodo de tránsito, Tetuán y su zona de influencia[26], en especial Río Martil, que era el puerto natural de la capital del Yebala, y toda la franja de comunicación con el enclave español de Ceuta se convirtieron en objetivo de la política exterior española con la finalidad de acentuar su progresiva influencia en la zona, intención que, a partir de febrero de 1913, daría lugar a que algunos de los aspectos que son objeto de estudio en este trabajo se desarrollaran con gran rapidez. De este modo, podemos considerar que el Protectorado español (inicial zona de influencia) no se constituye *ex nihilo* a partir de 1913,

---

[25] Resulta de interés para conocer estos tres aspectos Madariaga de 2007.

[26] He seguido este periodo en Tetuán, principalmente, a través de dos fuentes hemerográficas: el diario local *El Eco de Tetuán*, único en la ciudad en esos años y testigo en primera fila de la evolución de Tetuán, y el diario *El Mundo* de Madrid. Fundado en 1907, este medio prestó una especial atención a la situación en Marruecos, en los años previos a la ocupación militar, a través de artículos de opinión de Tomás Maestre, catedrático y Senador del Reino, y de noticias de sus corresponsales en Tánger y Ceuta. En 1911 desplazó a un corresponsal a Tetuán, Francisco Martínez Yagües, cuyos artículos, cargados de lucidez y sentido satírico, además de una exquisita escritura (también de rezumado patriotismo), son una buena fuente para conocer la zona, la llegada de inversores extranjeros y los entresijos cotidianos de la ciudad en esos momentos. Algunos de sus artículos fueron reproducidos en la revista *África Española*. Con posterioridad escribiría para *El Eco de Tetuán*.

Figura 9. «El embajador de Francia, Mr. Geoffray, firmando el tratado sobre Marruecos concertado entre Francia y España». A la derecha, marcado con una «X», el ministro García Prieto firmante por parte de España. *Mundo gráfico* (Madrid), n° 58 de 4-12-1912: 13. Foto: Campúa. Imagen procedente de los fondos de la Biblioteca Nacional de España

sino que sus cimientos podemos hallarlos en los años previos a la ocupación militar de Tetuán.

Esta progresiva «españolización» de la ciudad y de su zona de influencia, como indicaba la prensa de la época: «Tetuán se españoliza» (*El Mundo*, n.° 1382 de 10-8-1911: 1), se vio determinada y favorecida por diferentes cuestiones que son precisas reseñar[27] para entender no solo la puesta en marcha de la Sociedad Anónima Oliva, sino sobre todo el entramado de intereses políticos, económicos y sociales existentes, así como para comprehender la vida y la evolución de la ciudad y las relaciones en la misma de las élites musulmanas y hebreas con la colonia española residente en la ciudad. Este entramado de relaciones, intereses, propios y comunes, y de actuaciones facilitaron la inmediatez del desarrollo urbano de la acción protectora en el norte de Marruecos.

Así, entre estas cuestiones se encuentra, en primer lugar, el proceso de naturalizaciones, en especial las concedidas por carta de naturaleza[28], puesto en marcha por España a partir de la constitución de 1869 y que se acentuaría en los años previos a la ocupación. Las naturalizaciones continuaron el camino emprendido por las potencias extranjeras en Marruecos con el sistema de protecciones consulares. Ambos procedimientos perseguían un asentamiento comercial y económico permanente en los territorios del norte de África: se trataba de conseguir no solo agentes comerciales protegidos, sino también «compatriotas» que colaboraran y compaginaran su propio beneficio económico personal con los intereses políticos, geoestratégicos y económicos de España. Estas naturalizaciones

El Residente General de Es paña en nuestra zona de influencia en Marruecos

El General de División DON FELIPE ALFAU

Figura 10. El gobernador militar de Ceuta, general Alfau, nominado por la prensa como «Residente General de España», meses antes de la ocupación militar de Tetuán. *El Eco Tetuán*, nº 103 de 2-11-12: 2. Biblioteca General y Archivos de Tetuán.

---

[27] En el desarrollo de estas cuestiones, para no hacer prolija la lectura, me limitaré a citar solo algunos ejemplos que considero significativos.

[28] Este tipo de naturalizaciones o nacionalizaciones son concedidas por los países a su libre albedrío, es decir, en función de sus propios intereses sin atender a los requisitos exigibles según la normativa legal.

afectaron especialmente a la élite hebrea, la principal beneficiada de ambos procedimientos[29]. Ello se tradujo en el apoyo sin fisuras de esta élite a la futura acción protectora y a la deseada ocupación militar española de la ciudad. Todo ello mediante una colaboración continua con el consulado español en Tetuán en su política de «españolización» de la ciudad, a la vez que emprendiendo iniciativas propias encaminadas al logro de los objetivos señalados. Por citar solo dos ejemplos, a comienzos de 1912 se constituye en Tetuán la Asociación Hispana-Hebrea, la primera creada en Marruecos, que dará pie a la puesta en marcha de una extensa red por toda la zona de influencia española. Entre los objetivos de la asociación figuraba «mantener entre los hebreos de origen español el amor a la patria española» (*El Eco de Tetuán*, n.º 25 de 25-1-1912: 2); en octubre de 1911 vería la luz el primer número del diario *El Eco de Tetuán* en su segunda época (*El Mundo*, n.º 1432 de 29-9-1911: 1). Esta «refundación» tendría como soporte una sociedad, constituida un tiempo después, con presencia de representantes de la administración española (el cónsul en Tetuán y su canciller) y la participación del principal referente de la élite hebrea tetuaní en el primer tercio del siglo XX: el banquero Isaac Toledano Bensauli (AHPNM. CT. Protocolo n.º 57 de 1913).

Pero las naturalizaciones afectaron también a un grupo de notables musulmanes. Al menos 30 musulmanes obtuvieron la nacionalidad española en el periodo de 1869-1913[30], entre los que encontramos apellidos significativos de la ciudad, caso de El Hach Hamed el Oddi o El Hach Abdelkrim Lebbady. Así, la colaboración entre los notables musulmanes de la ciudad y el consulado español es continua en este periodo y podemos encontrar muchas referencias de ella en la prensa local y nacional de la época. Dos ejemplos la ilustran: el 12 de octubre de 1912, fiesta nacional de España, la presencia, alocuciones incluidas, de notables tetuaníes en la fiesta organizada por el cónsul de España fue numerosa: Sid Mohamed Lebay[31], Sid Ali-Selaui, Sid Abd-el-Krin Lebady,

---

29 El diario *La Correspondencia de España*, n.º 20 098 de 20-2-1913, editó un número especial con motivo de la toma de la ciudad de Tetuán por el general Alfau. En él se inserta un informe con el título «Descripción de la ciudad de Tetuán», en el que se indica que en ese momento el número de hebreos naturalizados en Tetuán era de 50, aportando sus nombres. Según mis datos, procedentes de los publicados por la *Gaceta Oficial*, por los resúmenes de los acuerdos de los Consejos de Ministros que la prensa publicaba en la época referenciada y por los estudios específicos realizados por diversos autores, caso de Ojeda Mata 2014, el número de las naturalizaciones de hebreos entre 1869-1912 superó las 160.

30 Datos propios elaborados según las indicaciones de la nota anterior.

31 Transcribo los nombres tal como aparecieron en la prensa.

Sid Ahmed-Ercaina, Sid Mohammed Torres, Sid El Kadiri, Sid All-Abeir, Sid El-Hassar, Sid Ziu-Ziu, Sid El Fasi, Sid Ben-Nani, Sid El-Oddi, Sid Ahmed Aragón, Sid Mohammed El Hach, Sid El-Galnia, Sid Esquirisch... (*El Eco Tetuán*, n.º 97 de 12-10-12: 1); también en 1912, las primeras ventas de terrenos junto a la puerta de Tánger, donde dos años más tarde se ubicaría el Ensanche, fueron realizadas por notables musulmanes: Mohamed Ben Mohamed Lebbady y Mohamed Ben Mohamed El Hach (AHPNM. CT. Protocolo n.º 21 de 1912). En este mismo sentido constan en los protocolos notariales de este periodo ventas de terrenos realizadas por otros nativos, también personajes destacados de la élite musulmana tradicional tetuaní.

En segundo lugar, la progresiva presencia española en Tetuán y su zona de influencia se vio favorecida por la difícil situación económica y financiera por la que atravesaba el Imperio xerifiano. Ello originó que, durante este periodo, instituciones vinculadas al sultanato favorecieran la presencia a medio y largo plazo de colonizadores extranjeros, principalmente españoles, a través de subastas públicas de arrendamientos de bienes y servicios del majzén. Así, a modo de ejemplo, reseño dos subastas de bienes: la primera de ellas realizada en septiembre de 1911 sobre seis parcelas, de las cuales sus beneficiarios fueron dos franceses, tres españoles y un marroquí por un periodo de 20 años (*El Mundo*, n.º 1432 de 29-9-1911: 1); la segunda solo dos meses más tarde: en ella los postores españoles obtuvieron más de 600 ha de terrenos subastados y los franceses solo 20 (*El Mundo*, n.º 1447 de 2-11-1911: 1)[32]. En cuanto a los servicios, entre julio y septiembre de 1912, fueron subastadas las contratas para la cobranza del derecho de puertas, para el cobro del impuesto sobre la compra-venta de caballerías, la percepción del impuesto sobre frutas secas, aceite, manteca y miel, la percepción del impuesto en el mercado de pieles y la cobranza del impuesto sobre la venta en el mercado del ganado vacuno, lanar y caprino. Las adjudicaciones recayeron mayoritariamente en españoles y hebreos (*El Eco de Tetuán*, n.º 72 de 14-7-1912: 2 y n.º 88 de 12-9-1912: 2). Este tipo de actuaciones, obligadas por la precariedad del Imperio y su necesidad de subsistencia económica, favoreció el arraigo a

---

[32] De entre los españoles que obtuvieron este tipo de arrendamiento destaca Emilio Bonelli, uno de los primeros africanistas españoles, que alquiló al majzén unos terrenos en las cercanías del puerto de Martil (AHPNM. CT. Protocolo n.º 8 de 1913, escritura de compra de casa de madera, vallas…, para el terreno arrendado en 1911, según cita el documento). Eran contratos realizados con el Mustafadato y, a partir de la puesta en marcha del Protectorado, con el visado del interventor de Tetuán. Tenían una larga duración, pudiéndose transmitir a otras personas y ofreciéndole al alquilador la posibilidad de renovación al finalizar el contrato. A cambio se pagaba un alquiler elevado para la época.

largo plazo de colonizadores españoles en la zona de Tetuán, a la vez que reforzaron el liderazgo económico de la élite hebrea.

En tercer lugar, la puesta en marcha por parte de la administración española, previa autorización del Comité Internacional de Obras Públicas de Tánger, de diversas iniciativas en materia de infraestructuras dirigidas a la mejora urbana y, especialmente, a las comunicaciones en la zona de Tetuán[33]. Así, durante el periodo 1910-1912, se desarrollaron las carreteras que unirían Tetuán con Martil (ampliando el ancho previsto en el proyecto inicial a propuesta de la Cámara de Comercio de Tetuán), con Ceuta y con El Negrón; la puesta en marcha de un inicial y precario servicio público de transporte entre Ceuta y Tetuán; la línea telegráfica Tetuán-Ceuta; la urbanización e inicio del adoquinado en la Plaza de España y en la calle Luneta, constituida en el principal referente urbano para la colonia europea que se fue asentando en la ciudad:

> Capitalistas europeos y hebreos, que hasta ahora no se habían animado para emplear sus capitales en construcciones urbanas, se han decidido á edificar, ante la esperanza de la afluencia de elementos europeos, viéndose con este motivo en La Luneta, que es el barrio europeo, varios edificios en construcción (El Mundo, n.º 1327 de 16-6-1911: 1).

Igualmente cabe reseñar, por su significación futura, el encargo realizado por el Ministerio de Fomento en 1911 al ingeniero Pedro Pablo Alarcón, hijo de Pedro Antonio de Alarcón, fundador de El Eco de Tetuán en 1860, del estudio de la línea férrea Tetuán-Ceuta (El Mundo, 1910-1912)[34].

Por último, la puesta en marcha de instituciones que, en estrecha colaboración entre el consulado español y las élites musulmanas y hebreas de la ciudad, favorecieron mejoras urbanas y comerciales para la zona y una mayor y más efectiva presencia española en Tetuán. En este sentido destaca la creación en 1911 de la Cámara de Comercio de Tetuán, presidida por el cónsul de España

---

[33] La comunicación entre Tetuán y Ceuta resultaba esencial para la administración española, porque tendía un necesario puente de relación que aunaba los aspectos militares y económicos, ya que el puerto de Ceuta era un elemento esencial para el abastecimiento comercial y para el traslado de tropas, ante las dificultades de navegación que presentaba la rada del puerto de Río Martil.

[34] Las iniciativas señaladas hacen referencia a noticias aparecidas en el diario El Mundo: n.º 811 de 13-1-1910: 3; n.º 1317 de 6-6-1911: 1; n.º 1327 de 16-6-1911: 1; n.º 1341 de 30-6-1911: 1-2; n.º 1447 de 2-11-1911: 1; n.º 1476 de 1-12-1911: 2; n.º 1727 de 10-8-1912: 1; n.º 1762 de 14-9-1912: 2 y n.º 1835 de 26-11-1912: 3.

y con una importante participación hebrea: Toledano, Cazés, Coirat, Serfaty y Garzón (*El Eco de Tetuán*, n.º 4 de 8-11-1911: 2). Igualmente, es reseñable la puesta en marcha de la llamada Junta de Urbanización de Tetuán, denominada otras veces como Junta de Servicios de Higiene y Municipal o Comisión Urbanizadora, que atendía labores sanitarias, de urbanización o alumbrado:

> La colonia española de Tetuán, unida a los moros notables de la ciudad, han acordado formar una Junta para organizar los servicios de higiene y otros de carácter municipal que han de llevarse a la práctica muy en breve. La colonia hebrea contribuirá á dichos fines (*El Mundo*, n.º 1315 de 7-6-1911: 1).

En el desarrollo de estas prestaciones de servicios, así como en la Junta del Censo Urbano, la colaboración del bajá de la ciudad fue notoria:

> El bajá ha convocado á una reunión a los moros notales y á las personalidades europeas para hacer la distribución de las cinco mil pesetas que produce la contribución urbana en la ciudad (*El Mundo*, n.º 1447 de 2-11-1911: 1).

No menos importante fue la puesta en marcha a mediados de la década inicial del siglo XX, de la institución que agrupó a la élite española y hebrea de la ciudad: el Casino español. Su primera junta directiva estuvo presidida por el cónsul de España y contó con mayoría hebrea en sus cargos directivos: nueve de los once miembros de la junta eran hebreos (*El Telegrama del Rif*, n.º 1231 de 19-1-1906: 1).

El desarrollo de estos dos últimos aspectos reseñados fue posible gracias a la labor realizada por el Estado Mayor del ejército y por el cuerpo de ingenieros militares que tendrían un papel importante en el conocimiento y documentación geográfica del norte de África, y en el inicial desarrollo urbano y arquitectónico de la zona de influencia española en Marruecos. En este sentido, como indica Bravo Nieto, la formación recibida por los ingenieros militares en la Academia de Guadalajara propició que desarrollaran «una más que interesante producción urbanística y arquitectónica que abarca un periodo que va desde mediados del siglo XIX hasta 1930» (Bravo Nieto 1997: 288).

Por tanto, en un contexto histórico marcado por la carrera planteada por las potencias occidentales para el reparto y el control colonial, en España, el papel desarrollado por el ejército fue esencial, como se ha indicado, para documentar la zona:

Figura 11. «Tetuán: Plaza de España en día de zoco; al frente el Casino Español». *El Álbum Ibero-americano*, nº 40 de 30-10-1907: 6. Imagen procedente de los fondos de la Biblioteca Nacional de España

Desde 1882 a 1908 el Cuerpo de Estado Mayor del Ejército español llevó a término un continuo esfuerzo de información territorial en Marruecos, que se concretó en el levantamiento de diversas cartas itinerarias [sic] y mapas topográficos a gran escala, y en la formación de numerosos planos de poblaciones... La Comisión de Estado Mayor en Marruecos, dependiente del Depósito de la Guerra, fue la institución encargada de los levantamientos cartográficos, y de efectuar otras labores de inteligencia militar, en el Imperio alauí (Urteaga *et al.* 2004: 261).

Tras la Conferencia de Algeciras, los ingenieros militares hicieron planos de varias ciudades marroquíes, entre ellas Tetuán[35], ciudad de la que ya durante la

---

[35] «Con independencia de su uso para fines militares, los planos citados [en alusión a los de Tánger, Alcazarquivir, Casablanca, Larache, Mazagán y Mogador y Tetuán] fueron presentados al público con ocasión del II Congreso Español de Geografía Colonial y Mercantil organizado por la Sociedad de Geografía Comercial de Barcelona en 1913» (Urteaga *et al.* 2004: 279).

Figura 12. «Croquis de Tetuán y sus alrededores por la Comisión del Cuerpo de E.M. en Marruecos». 1909. Imagen procedente de los fondos de la Biblioteca virtual de Defensa

primera ocupación española de 1860-1862 y con posterioridad en 1888 se habían levantado planos[36]. Por tanto, en el caso específico de Tetuán, la administración española y, sobre todo, el ejército tenían información detallada que facilitaría, llegado el caso, una rápida formulación de la «nueva ciudad europea» con participación de ingenieros militares, como podremos ir constatando más adelante, en especial con la información procedente del diario *El Sol*.

3.2. La llegada a Tetuán de Pedro Oliva y sus primeras actuaciones (1911-1912): antecedentes de la Sociedad Anónima Oliva

En lo que respecta al objeto central de esta monografía, el periodo comprendido entre 1911 y 1913 es de suma importancia. Así, durante el año 1911 existe constancia de la presencia en Tetuán de quien sería el primero de los

---

36 *ibid.*: 262.

personajes esenciales en el origen y en los primeros pasos del Ensanche: el empresario catalán Pedro Oliva Sibil[37].

La tipología de este personaje nada tendrá que ver con el grupo de empresarios catalanes que, junto a él, constituirían en 1913 la Sociedad Anónima Oliva-Ensanche de Tetuán y que a partir de 1914 se harán cargo de esta sociedad. Su azarosa vida personal y empresarial lo sitúa a medio camino entre el visionario-aventurero y el escapista. Oliva fue el prototipo del emprendedor arriesgado que, careciendo de una fortuna personal suficiente para cimentar sus proyectos, necesita liquidez para los mismos a través de préstamos o de la participación de socios. En definitiva, su perfil representa a una persona atrevida que, ansiosa de éxito empresarial y de ganar dinero, emprende caminos novedosos en territorio norteafricano por medio de entidades societarias en las que, tras un periodo de confianza en el que Oliva actúa como gerente de las mismas, termina alejado de ellas.

Profesionalmente comenzó trabajando en Barcelona como viajante comercial en la empresa de su padre, Francisco Oliva e Hijos. Esta actividad comercial estaría reforzada por sus lazos familiares, ya que su suegro era propietario de una serie de sociedades vinculadas al sector del hilo y del algodón en Barcelona. Lo cierto es que a partir de 1905-1906 se le pierde totalmente la pista en el profuso entramado de la prensa de Barcelona y de Cataluña, probablemente por cuestiones sentimentales, como señalaré en su biografía. Su salida de la capital catalana daría paso a su aventura africanista. De esta forma, está constatada la presencia de Oliva en la Región Oriental, al menos desde 1908: «Llegó ayer [a Melilla], procedente de Chafarinas y del Cabo del Agua, conduciendo 34 pasajeros [en relación al vapor «Sevilla»], entre ellos [...] también regresó don Pedro Oliva» (El Telegrama del Rif, n.º 1974 de 26-6-1908: 4). Efectivamente, Pedro Oliva se radica en Melilla como director gerente de la Compañía Comercial Marroquí, sociedad constituida en Barcelona en agosto de 1908 ante el notario Antonio Gallardo Martínez (AHPNB[38]. Escritura n.º 760 de 1-8-1908, ff. 2766-2782)[39]. Con un capital social de 500 000 pesetas, la compañía, aunque domiciliada en Barcelona, establece una sucursal en Melilla que se constituirá en la base de sus

---

37   Véase Anexo biográfico, en el que desarrollo un amplio apunte biográfico sobre este empresario, cuyo apellido, a través del nombre de la Sociedad, quedaría unido al origen y desarrollo del Ensanche.

38   Archivo Histórico de Protocolos Notariales de Barcelona: en adelante AHPNB.

39   Entre sus socios constituyentes, además de Pedro Oliva, figuraban su hermano Francisco y su suegro Ramón Rosés Feliú.

Compañía Comercial "Marroquí"

Para Garrucha directamente saldrá hoy el vapor español «Marroquí», admitiendo carga y pasaje de 3.ª para dicho punto.
Para fletes y pasaje, dirijirse á D. Antonio Saez, Miguel Zazo, 2.

Figura 13. Anuncio publicitario de la Compañía Comercial «Marroquí». *El Telegrama del Rif* (Melilla), año IX n° 2.387 de 6-2-1910: 3. Biblioteca General y Archivos de Tetuán

negocios. La sociedad nació con el objetivo de «procurar el desarrollo de nuestra exportación y en general del comercio exterior de España y África» (*El Financiero hispano-americano*, n.° 399 de 20-11-1908: 821) o dicho de otra forma, «trabajar para el desarrollo de nuestra exportación á los principales puntos de África y el intercambio entre el Imperio marroquí y España» (*El Defensor del contribuyente*, n.° 248 de 5-12-1908: 6). En su objeto social, en el que cabía todo tipo de actuaciones, figuraba de manera destacada la importación y exportación, la continuidad de la explotación de la factoría de Cabo de Agua (instalada en una concesión de terrenos que le hizo el Gobierno Militar de Melilla), la compra-venta de terrenos, así como obtener o contratar embarcaciones y servicios de transportes (AHPNB. Escritura n.° 760 de 1-8-1908, f. 2766). Por ello, una de las partes más visible del negocio de la compañía se centró en el flete y transporte de mercancías y pasajeros entre las islas de la Región Oriental y Melilla y entre España y el norte de África, a través de sus buques «Sevilla» y «Marroquí», entre otros.

Su temprana llegada a Tetuán responde a dos razones: en primer lugar, a sus propias características de avispado buscador de negocios. Así, al igual que ocurriera con otros tantos personajes que atisban que la ocupación militar española de Tetuán sería una fuente generadora de rentables oportunidades, Oliva llega como abanderado de otros paisanos catalanes vinculados al sector comercial e industrial: «en 1911, un grupo [de empresarios] comisionó á D. Pedro Oliva para comprar terrenos [en el Ensanche]» (*El Mundo*, n.° 3529 de 12-9-1917: 3)[40]. Entre estos empresarios se encuentran los que constituirán

---

[40] El entrecomillado anterior responde a una entrevista realizada en 1917 a Esteban Feliú por el diario *El Mundo*.

más tarde la Sociedad Oliva, entre ellos el personaje central en el desarrollo del Ensanche, Esteban Emilio Feliú, cuya actividad desarrollaré en el siguiente apartado. En segundo lugar, a razones familiares. La cercanía familiar entre Oliva y Feliú[41] facilitó la posibilidad de trabajar conjuntamente: Oliva aportaba su probada capacidad de constituirse en «avanzadilla exploratoria» de los diferentes territorios norteafricanos y de sus posibles oportunidades de negocios, y Feliú su experiencia en la captación de socios y de dinero entre el círculo de empresarios del sector del comercio catalán al que él mismo pertenecía[42]. Este binomio hizo posible la temprana puesta en marcha de intervenciones en la zona de Tetuán y las primeras compras de terrenos. A lo largo del texto iremos comprobando, de manera reiterada, la importancia de los lazos familiares en estas sociedades mercantiles, hasta el punto de que se puede afirmar que será el parentesco, en un sentido amplio, uno de los rasgos más característicos de la cultura socio-empresarial catalana, que estará muy presente en los entramados societarios que estos empresarios crean para el desarrollo del Ensanche de Tetuán[43].

Así, a finales de mayo de 1911 aparece Oliva por Tetuán. Su estancia tiene una clara intención mercantil:

---

[41] Ambos tenían vinculaciones familiares. Así, la madre de Feliú, Isabel Esquivel Oliva, compartía apellidos con Francisco Oliva, padre de Pedro, y el suegro de éste, Ramón Rosés Feliú, era a su vez familiar del padre de Esteban Feliú. Por tanto, sus vidas y sus actividades mercantiles eran conocidas por ambos. Véase al respecto, *Diario de Barcelona*, n.º 319 de 14-11-1916: 2 y *El Noticiero Universal* (Barcelona), año 62, n.º 19 622 de 1-6-1949: 8.

[42] A finales de la primera década del siglo XX, Feliú comienza a operar en Barcelona en los negocios a través de socios del sector del comercio catalán mediante sociedades mercantiles. Así, el 21 de enero de 1908 crea, junto a Servando Gauna, la sociedad mercantil Esteban E. Feliú, Sociedad en Comandita, cuyo objetivo social era «todas las operaciones de cambio y bolsa por cuenta y orden de terceras personas» (AHPNB. Escritura n.º 64 Protocolo de instrumentos públicos de 1908, enero-febrero, del notario Juan Soler i Vilarasau, f. 212). Ambos formarán parte de la Sociedad Oliva y la unión societaria de empresarios como Feliú, Gauna y Trillo será uno de los vehículos de financiación en la compra de terrenos en el Ensanche de Tetuán (*El Mundo*, n.º 3529 de 12-9-1917: 3, entrevista a Esteban Feliú).

[43] Las relaciones familiares o el carácter endogámico fueron aspectos básicos en la conformación de las sociedades catalanas que actuaron en Tetuán. La importancia del parentesco está latente en las relaciones empresariales en Cataluña y también en el catalanismo: «el catalanismo tuvo mucho más de red familiar que de clientelar [...] El parentesco siempre fue muy importante [en Cataluña], tanto como las amistades blindadas de las colles (cuadrillas). No solo los vínculos de familia directa, como hermanos o primos. También el compadreo (ser padrino) o la parentela «política» (cuñados y versiones más extendidas) daban una solidez a los contactos, que eran impenetrables para quien no formase parte de ellos» (Ucelay-Da Cal 2017: 111).

> Ha llegado [a Ceuta] D. Pedro Oliva, accionista de las minas del Rif[44], con objeto de intervenir en la subasta de la carretera de Río Martín a Tetuán, que se celebrará mañana, en Tánger (*El Imparcial*, n.º 15 890 de 30-5-1911: 1).

Esta obra, a la que se presentaron hasta seis postores, entre ellos Oliva, fue adjudicada finalmente al contratista José María Escriñá González (*El Mundo*, n.º 1313 de 2-6-1911: 1 y n.º 1317 de 6-6-1911: 1), personaje que también tendrá una larga vinculación con el Ensanche de Tetuán.

Ese mismo mes, la presencia de Pedro Oliva en Tetuán vuelve a estar documentada, si bien el objetivo específico de su presencia y de sus planes para la nueva ciudad de Tetuán aún no estaba bien definido por parte de la prensa. Así lo contó el corresponsal en Tetuán del diario *El Mundo*, Martínez Yagües, que constata su estancia en la ciudad en un viaje exploratorio realizado en mulo con Oliva y otros amigos camino de Martil, pasando por «las huertas del rico Erzini, el Rockefeller de Tetuán», donde haciendo referencia a él indica:

> Detrás [del mulo de las provisiones] marcha un rico negociante catalán, D. Pedro Oliva, dueño de la factoría de Cabo de Agua y que ha venido a Tetuán con el objeto de estudiar no sé qué negocios» («Un paseo por la vega de Tetuán». *El Mundo*, n.º 1321 de 10-6-1911: 1)[45].

Su presencia vuelve a ser ratificada por otro medio escrito:

> También se hallan aquí [en referencia a Tetuán] el comerciante de Málaga D. Miguel Ruiz y el gerente de la Compañía Hispanoafricana[46], D. Pedro Oliva. Ambos estudian el establecimiento de varios negocios en esta zona (*La Correspondencia de España*, n.º 19 474 de 7-6-1911: 1).

---

44 No tengo constancia documental de que Oliva fuera accionista de esta Compañía, al menos estas acciones no figuraban entre los bienes que lega a sus herederos en su testamento.

45 Este mismo texto sería publicado dos años más tarde con el título «La Jaffa del Yarguist» en la revista *África española*, n.º 4 de 30-9-1913: 36-41.

46 En mi opinión, el articulista, al indicar la Compañía Hispanoafricana, hace referencia bien a la Compañía Minera Hispano-Africana, de la que tampoco tengo constancia documental de que Oliva fuera accionista, ya que no aparecen acciones de la misma en su testamento, bien a la Compañía Comercial Marroquí.

Unos meses más tarde, la vinculación de Oliva con Tetuán y su penetración social en la ciudad se va incrementando mediante la colaboración con la colonia española y sus instituciones:

> El comerciante é industrial barcelonés D. Pedro Oliva ha enviado por vapor Luis Vives 56 elegantes sillas, estilo *parisien*, de junco esmaltado, con destino á la magnífica terraza del Casino Español que acaba de construirse. Este envío que se hace á título gratuito y como obsequio á la dicha Sociedad es altamente patriótico... Dicho Sr. Oliva anuncia al propio tiempo su llegada á esta ciudad (*El Eco de Tetuán*, n.° 4 de 8-11-1911: 3).

Por tanto, no hay ninguna duda sobre su temprana estancia norteafricana, ya que todo indica que Oliva formó parte de ese grupo de intrépidos aventureros y ávidos negociantes africanistas que decidieron poner rumbo al norte de África a la búsqueda de nuevos recursos y materias primas para la realización de negocios, facilitando de este modo el desarrollo de actividades comerciales y mercantiles con el objetivo de posicionar a España (y sobre todo a ellos mismos y a sus sociedades) en un continente objeto del interés económico y comercial de las potencias europeas. Oliva, a su llegada a Tetuán, procedía de la Región Oriental, donde ejercía de gerente en la Compañía Comercial Marroquí, aunque es bastante probable, conociendo la biografía del personaje, que tuviese problemas con la compañía y buscara una zona nueva en la que actuar. Ese espíritu, que aunaba osadía y negocio, fue el que le trajo a Tetuán para explorar por anticipado las posibilidades empresariales de la zona, a la espera de que se produjera la llegada del ejército español y diera comienzo el Protectorado y, con él, la puesta en marcha de un nuevo entramado urbano en la ciudad, lo que se denominaría el «nuevo barrio europeo» o ensanche −en la terminología en boga en esos momentos−, que sería una posibilidad, a la vez que una buena oportunidad para hacer negocios.

Pedro Oliva, como se ha indicado, comenzará a estar radicado de forma «estable»[47] en Tetuán a partir de 1911, un periodo en el que la ciudad asiste a un notable incremento de la actividad mercantil debido a la presencia en la misma de múltiples negociantes foráneos. Y es que las expectativas de lo que se consideraba la «inminente» ocupación de Tetuán generaron una continua

---

[47] La estabilidad de estos comerciantes consistía en un ir y venir frecuente entre la ciudad española en la que radicaba el origen de sus negocios y Tetuán.

llegada de avispados negociantes y empresarios de todo tipo, españoles y de otras nacionalidades europeas, especialmente franceses y alemanes, con un repentino interés por la ciudad y sus alrededores; todos guiados por la idea de posicionarse en la temprana compra de terrenos urbanos y/o rurales, estos destinados a la colonización, explotación agrícola, minera..., que, con la ocupación, habrían de multiplicar su valor y producir elevados beneficios. La ciudad se convirtió en un hervidero de inversores deseosos de tempranos negocios. La prensa se encargó de difundir y amplificar este hecho. Tres ejemplos revelan la situación:

> Constantemente llegan á Tetuán, de España, capitalistas y representantes de empresas que, esperanzados en la próxima ocupación de esta ciudad por nuestras tropas, gestionan compra de fincas y establecimiento de negocios... Es de esperar que, llevada a cabo la ocupación, vendría de las provincias andaluzas y valencianas una avalancha de negociantes é industriales, como ocurrió en los territorios del Rif, con motivo de la última campaña en Melilla[48] (*El Mundo*, n.º 1306 de 26-5-1911: 4).

Solo unos días más tarde, el mismo diario volvía a incidir en esta cuestión, reiterando las consecuencias positivas que tendría para la ciudad y para Ceuta:

> Varios capitalistas han ido á Tetuán para implantar negocios que transformarían aquella ciudad en un emporio de riqueza, que aumentaría considerablemente el comercio del puerto de Ceuta (*El Mundo*, n.º 1322 de 11-6-1911: 2).

---

[48] Esta llegada continua de capitalistas, comerciantes, banqueros, inversores o negociantes españoles, que con cualquiera de esos nombres se hacía alusión a ellos, no debe solapar la dura realidad que en esos momentos vivía la colonia española residente en Tetuán, en especial en comparación con la francesa: «Hace un año sólo había en Tetuán tres franceses. De seis meses á esta parte se han establecido muchísimos más. Las protecciones menudean... Todos los franceses que llegan á Tetuán traen dinero y se establecen sólidamente, bajo la protección de su cónsul. Los españoles, en cambio, son pobres, pobrísimos, y de 52 ó 53 familias que constituyen la colonia, apenas hay dos –desgraciadamente, no exagero en el número– que disfruten de posición desahogada. Los demás son simples trabajadores, pequeños comerciantes que no pueden resistir la competencia con los hijos de Zabulón [en referencia a los hebreos] ó modestos industriales que arrastran penosamente la cadena del crédito mercantil, eternamente agobiados por la falta de capitales suficientes» (Martínez Yagües: «El dominio de la ciudad de Tetuán». *El Mundo*, n.º 1316 de 5-6-1911: 1).

Por último, en idéntico sentido incidía el mismo articulista, esta vez en la revista *África Española*, que, aunque el texto está fechado unos meses después de la toma de Tetuán, rememora su estancia en la ciudad en 1911:

> Cuando yo llegué a Tetuán estábamos solos en el hotel un ruso naturalista, un alemán, agente de los famosos mineros Mannesmann [dos ricos hermanos alemanes que acometieron negocios mineros en la zona en esa época], un periodista de Ceuta y este humilde repórter. Estuve catorce días, y al marcharme no cabíamos en la mesa redonda y teníamos que comer por series. Toda la gente que llegó después, catalanes, malagueños, franceses, alemanes e ingleses, iban al olor de la compra de tierras. ¡Deben de haberse vendido millares de hectáreas! (Martínez Yagües, F.: «La agricultura en El Hauz». *África española*, año I, n.º 10 de 30-12-1913: 289).

Por tanto, la llegada de visitantes foráneos revoluciona la actividad mercantil en la ciudad a partir de 1911, especialmente, como indicaba el articulista, en lo referido a la compra de tierras, pensando en la posterior especulación[49]. En el caso concreto de Pedro Oliva están documentadas desde 1911 casi una decena de compras de terrenos a nativos musulmanes[50], no solo las que a continuación se indican a Lebbady[51] y a Mohamed El Hach, sino también a otros notables, algunos de ellos de las familias más ilustres de la ciudad, caso de Daud, Páez, Bennuna, Bricha, Rehoni, entre otros.

Pero las transacciones mercantiles comenzarán a afectar muy pronto también a las ventas de terrenos. Así en 1912, Pedro Oliva vende dos bancales de terrenos que había comprado en abril de ese año a Mohamed Ben Mohamed Lebbady y a Mohamed Ben Mohamed El Hach, el primero situado junto a la Puerta de Tánger y el segundo «en el sitio denominado Caâ es-seffah», a

---

[49] La compra temprana de terrenos, con el objetivo de una pronta reventa o especulación, fue un fenómeno generalizado en Marruecos, también en la zona francesa: «La especulación ha sido la segunda causa que ha empezado a destruir Marruecos. Un terreno de Casablanca comprado en 1914 por 800 francos, vale hoy 8.000.000 de francos, y su propietario rehúsa venderlo en espera de que la especulación suba todavía» (Gil Benumeya 1934a: 15).

[50] Las referencias documentales proceden de los registros notariales. En el caso de estas compras, los protocolos notariales tienen fechas posteriores porque las compras se realizaban ante adules y una vez autorizadas y legalizadas todas las firmas por el cadí, se aportaban ante el cónsul para demostrar su propiedad en posteriores transacciones de venta de esos terrenos.

[51] Lebbady no solo vendió tierras de su propiedad a Oliva, sino también, en 1911, a José María Escriñá González, contratista de obras públicas (AHPNM. CT. Protocolo n.º 13 de 12-11-1911), que, como hemos visto, obtuvo la adjudicación de la carretera Martil-Tetuán.

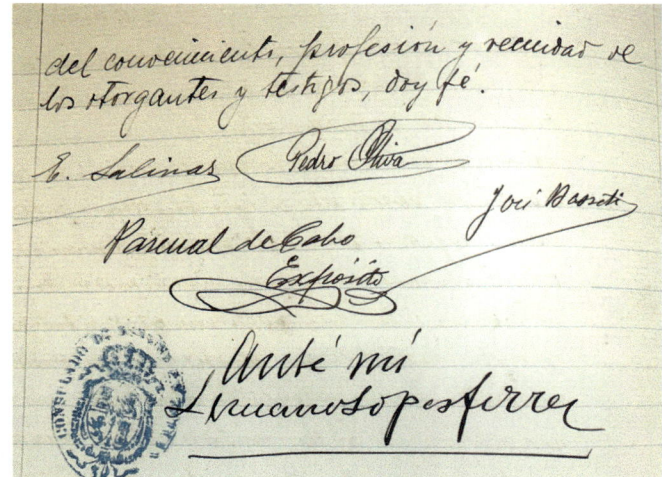

Figura 14. Firma de Eduardo Salinas y Pedro Oliva, junto a la de los testigos y el cónsul, López Ferrer, en funciones de notario, en la escritura de venta de los terrenos reseñados. AHPNM. CT. Protocolo n° 12 de 25-10-1912, f. 131

Eduardo Salinas Romero por dos mil ochocientos duros hasanís (AHPNM. CT. Protocolo n.° 12 de 1912, ff. 130-131) (fig. 14).

La importancia de esta operación radica en que esta compra será el punto de partida de otras operaciones de compra-venta de terrenos que realizará Salinas[52] en Tetuán. Para ello, un mes más tarde de esta compra, formaliza ante el cónsul de Tetuán en funciones notariales la entidad civil denominada Empresa de Urbanización en Tetuán, primera sociedad de este tipo que se constituyó en Tetuán[53], con un objetivo claro:

> Adquirir terrenos para dedicarlos a la construcción por cuenta propia o ajena y venta de parcelas y edificios, pudiendo asimismo realizar arriendos, permutas y cuantos contratos de relaciones con la urbanización, como adquisición de materiales, prestación de servicios, ejecución de obras, etc. (AHPNM. CT. Protocolo n.° 23 de 27-11-1912, f. 134).

La empresa, radicada en Valencia, se constituirá con un capital social de 58 000 pesetas, siendo Eduardo Salinas el accionista mayoritario con un 65%

---

[52] Eduardo Salinas Romero, abogado valenciano, estuvo vinculado al Consulado de México en Valencia, primero como canciller, en 1898, y después como cónsul a partir de 1903. Fue presidente de la Unión Ibero-Americana de Valencia, importante entidad mercantil y cultural de la ciudad, desde 1913 hasta 1930. Falleció en octubre de 1931. Simultaneó estas actividades con los negocios urbanísticos en Tetuán.

[53] La sociedad se constituyó el 27 de noviembre de 1912, cinco meses antes que la Sociedad Oliva.

del capital. Los otros accionistas fueron dos hermanos de Salinas, Joaquín, comandante del cuerpo de ingenieros que se avecindará en Martil y actuará como representante de la empresa en la mayoría de las operaciones mercantiles, y Julio, abogado; junto a ellos, dos militares residentes en Ceuta, Ángel Rodríguez del Barrio y Carlos Castro Girona[54] completaban el accionariado. Una vez constituida, la empresa comenzará a realizar operaciones mercantiles de compra y venta en el Ensanche de Tetuán, especialmente a partir de 1915, aunque su actividad no tuvo gran relevancia. Esta operación pone también de manifiesto la participación de algunos militares españoles destinados en el norte de Marruecos en los negocios urbanísticos, formando parte de sociedades destinadas a la compra-venta de terrenos y de inmuebles.

Esta fiebre compradora no va a restringirse exclusivamente a los ciudadanos foráneos. En esta actividad mercantil, que se detecta documentalmente desde 1908, los hebreos tetuaníes van a desempeñar un papel relevante, ya sea como intermediarios, caso de Isaac Toledano que recibe un poder de José Menéndez para que «compre los predios rústicos que considere convenientes» (AHPNM. CT. Protocolo n.º 12 de 1911), o como compradores, de modo que en estos primeros años se constituyen en el principal núcleo comprador en Tetuán. Este afán adquisitivo por parte de la comunidad hebrea hará que amplíen sus transacciones de terrenos e inmuebles fuera de Tetuán, en concreto a la ciudad de Melilla[55].

3.3. La toma de Tetuán (febrero de 1913) y el refuerzo de las operaciones mercantiles en la ciudad

Tras la toma de Tetuán por el general Alfau, a lo largo de 1913 continuarán las operaciones mercantiles en la ciudad que afectarán a diversos ámbitos,

---

[54] Castro Girona, comandante de Estado Mayor, será destinado a Tetuán al Gabinete Militar de la Alta Comisaría y formaría parte de la Junta de Servicios Locales en representación de la misma. En 1915 compraría a la Sociedad Oliva unos terrenos al norte de la manzana n.º 56 del Ensanche. En 1921, cuando estaba destinado en Larache e iba a ascender a coronel, sería asesinado en Madrid por un compañero del ejército, en un suceso que tuvo resonancia en toda España (La Voz, n.º 305 de 21-6-1921: 1). Su hermano Alberto, destacado africanista, alcanzó el generalato. La información referente a Castro Girona en Tetuán en AHPNM. CT. Protocolo n.º 3 de 5-1-1915, ff. 6-7.

[55] Desde 1908 existen escriturados poderes de Abraham Garzón (AHPNM. CT. Protocolo n.º 9 de 1908) y de Isaac Toledano a Isaac Benarroch Benchimol (AHPNM. CT. Protocolo n.º 16 de 1908) para la compra de terrenos e inmuebles en Melilla. En 1912, el mismo Toledano y Shalon V. Hasserfaty otorgan poderes a Isaac Hassán para la compra de tres casas en Melilla (AHPNM. CT. Protocolo n.º 5 de 1912).

teniendo siempre como nexo de unión la consideración de que la llegada del ejército determinará el inicio del Protectorado y el definitivo asentamiento español en la zona norte de Marruecos[56]. En este sentido, una de las operaciones más significativas será la de hacerse con el control de la información y orientar el sentido de la opinión pública de Tetuán en apoyo a los protectores españoles. Para ello, un grupo de notables de la ciudad, Isaac Toledano, Luciano López Ferrer (cónsul de España hasta febrero de 1913), Luis Rodríguez de Viguri (cónsul de Tetuán desde marzo de 1913), José González Belloto (canciller del consulado español) y Leopoldo Martínez Olmedo (médico español residente en la ciudad) constituirán la sociedad anónima Eco de Tetuán, con el objeto de «la publicación de libros, periódicos y revistas en la zona de influencia española en Marruecos» (AHPNM. CT. Protocolo n.º 57 de 1913, ff. 215-217) y que tomará las riendas del periódico tetuaní en su segunda época.

Por sus repercusiones en el ámbito urbanístico, 1913 va a ser un año fundamental para analizar los orígenes del futuro Ensanche. En primer lugar, Pedro Oliva comenzará a intercalar sus estancias en la ciudad con múltiples viajes a Barcelona, como lo podremos apreciar en la primera fase de gestión de la Sociedad Oliva. Con ellos pretendía ofrecer información de primera mano, a la vez que obtener el beneplácito de sus socios a sus proyectos vinculados al inicio del Ensanche.

En segundo lugar, este año significará también el primer aterrizaje en la ciudad de otro empresario catalán, al que mencioné con anterioridad, que resultará esencial en la génesis del Ensanche. El 19 de marzo de 1913 aparecerá en escena el segundo personaje clave, el más importante para entender el modelo urbano y el desarrollo del Ensanche en sus primeros años y para fijar el tipo de penetración que se produjo en el entramado social y económico de Tetuán durante más de una década: Esteban Emilio Feliú[57].

---

[56] Tres meses antes de la toma de Tetuán y previendo el importante contingente de soldados que pronto habría en la ciudad, se constituye la sociedad mercantil regular colectiva Sociedad de espectáculos Reina Victoria, con el objetivo de «la explotación de un negocio de representaciones cinematográficas, teatrales y en general de todas clases de espectáculos públicos en el salón que para dicho objeto construirá la Compañía en el solar de la calle La Luneta, arrendado por ocho años a su propietario Señor Cohen» (AHPNM. CT. Protocolo n.º 19 de 1912, ff. 126-128). Se trataba, por tanto, de cubrir la distracción y el ocio de la tropa y de los llegados a la ciudad, al igual que ocurriera en la primera toma de la ciudad con la puesta en marcha en 1860 del teatro Isabel II (según Akalay 2023: 31).

[57] Estamos sin duda ante la persona esencial no solo de la Sociedad Oliva, sino también de la orientación urbanística del Ensanche en sus inicios y su primer desarrollo. También ante la figura más interesante de cuantas aparecen en esta investigación. Su dilatada trayectoria en el norte de Marruecos (1913-1970) con sus idas, venidas y estancias en Barcelona,

Figura 15. Retrato del cónsul Luciano López Ferrer con un ejemplar de *El Eco de Tetuán* en las manos. *Nuevo Mundo* (Madrid), nº 988 de 12-12-1912. Imagen procedente de los fondos de la Biblioteca Nacional de España

Feliú aparece por la ciudad, junto a otro compañero «banquero», acompañando al recién nombrado cónsul de España en Tetuán, Luis Rodríguez de Viguri, que venía a sustituir al anterior cónsul, López Ferrer, ascendido en la carrera diplomática tras los servicios prestados durante la ocupación de la ciudad por el ejército. Así lo indicaba el corresponsal en Ceuta del diario *La Correspondencia militar*:

> Mañana marchará a Tetuán a tomar posesión de su cargo [en referencia a Rodríguez Viguri]; le acompañan su señora y los banqueros catalanes D. Emilio Feliú y D. Francisco Legares» (*La Correspondencia militar*, n.º 10 778 de 19-3-1913: 2).

El diario *La Atalaya* también recoge la noticia y es un poco más explícito con las intenciones de los dos «banqueros»: «con objeto de adquirir terrenos en las afueras de Tetuán para construir viviendas» (*La Atalaya*, n.º 7793 de 19-3-1913: 2). Por su parte, el diario *La Vanguardia*, a través de su corresponsal en Ceuta, no solo concretiza la superficie de los terrenos, sino que da por hecho que la adquisición ya ha sido realizada:

Tetuán y Tánger, salpicada de negocios de todo tipo, la abordaré en el apartado n.º 10 y en el Anexo biográfico.

Han llegado [a Tetuán] los agentes de negocios de Barcelona, don Emilio Feliú y don Francisco Legares, quienes han adquirido 13 hectáreas de terrenos en las afueras de Tetuán, junto a la Puerta de Tánger, donde construirán las edificaciones del Ensanche (*La Vanguardia*, n.º 14 474 de 19-3-1913: 9).

La compra de terrenos con vista al desarrollo de lo que sería la capital del futuro Protectorado y la constitución de una sociedad que se dedicara a estos menesteres, como hemos visto, hizo que Oliva se radicara en Tetuán en 1911 con el apoyo de un grupo de empresarios catalanes, con Feliú a la cabeza. La llegada de Feliú y Legares a Tetuán, un mes después de la ocupación militar de la ciudad, hay que entenderla como una visita exploratoria de estos dos comerciantes-«banqueros» catalanes. Y es que, en la compra anticipada de terrenos, el acierto con el emplazamiento en el que se ubicaría el Ensanche era fundamental para obtener, a posteriori, altos beneficios. Así lo puso de manifiesto el diario *El Sol*, uno de los medios escritos con mayor prestigio e influencia en la época, que publicó, dentro de su sección *Nuestras crónicas de Marruecos*, un artículo con el título «Recuerdos de un viajero». Firmado por Got[58] y fechado en mayo de 1919, en él hace alusión el cronista a una estancia anterior en Tetuán en 1911. Tras describir algunas de las diferencias encontradas en la ciudad, cuenta,

Figura 16. «D. Luis Rodríguez de Viguri, cónsul de España en Tetuán, que ha sido ascendido por sus brillantes servicios en aquella zona, y destinado a Liverpool». *Mundo Gráfico*, n.º 256 de 20-9-1916: 25. Foto: Beringola. Imagen procedente de los fondos de la Biblioteca Nacional de España

---

58 El artículo viene firmado solo por Got, sin nombre ni segundo apellido. En mi opinión, se trata de Antonio Got Insausti, militar del arma de Artillería, que escribiría en 1913 junto a Juan Beigbeder *Tetuán Artístico y Pintoresco*, la primera guía de la ciudad, que no llegó a publicarse (Bravo Nieto 2014: 16). Fue también el primer director de la Escuela de Artes y Oficios Indígenas de Tetuán, *Dar Sanaa*, tras su creación en 1919. Era por tanto un excelente conocedor de la realidad de Tetuán en las dos primeras décadas del siglo XX.

como antesala a su crítica sobre la actuación llevada a cabo en el Ensanche hasta 1919[59], la siguiente historia vinculada a empresarios catalanes deseosos de aprovechar la oportunidad que representaba el futuro Ensanche:

El 21 de noviembre de 1912 salía camino de Tetuán por la puerta de las fortificaciones de Ceuta un oficial seguido de su ordenanza[60]. Marchaba con una comisión especial, entonces secreta, y llevaba la misión de elegir emplazamiento en Tetuán para una barriada europea, trabajo que tenía que realizar sin que se enterara absolutamente nadie[61]. Aparte de la extensión necesaria, facilidades de agua, orientación, etc., debía, por precisión, encontrarse dicho emplazamiento a una distancia de la ciudad mora que no bajara de un kilómetro, ni se alejara mucho más. Estuvo en Tetuán 21 días, buscó lo que le pedían, levantó el plano sin utilizar ningún instrumento, para que nadie se diera cuenta de sus trabajos, y terminado algún otro cometido que llevaba a la par, regresó a

---

59   A pesar de la favorable opinión «oficialista» sobre el carácter singular de lo realizado en la ciudad, «el mérito de Tetuán consiste en no parecerse a ninguna ciudad de Europa» (*Revista de Tropas Coloniales*, n.º 5, mayo de 1924: 31), el desarrollo del Ensanche generó críticas en algunos sectores, especialmente a través de Leopoldo Torres Balbás (1888-1965), «arquitecto, teórico de la restauración de monumentos, catedrático y director-conservador de la Alhambra» (https://dbe.rah.es/biografias/9053/lecpoldo-torres-balbas) [consulta: 14-1-2023], del editor y africanista jerezano Manuel L. Ortega o de Gil Benumeya (probablemente el autor más crítico con el Ensanche realizado en Tetuán, a la vez que defensor de la obra urbanística francesa en Marruecos) quienes indicaban que «nuestra aportación a la zona española de Marruecos no ha podido ser más mezquina y deplorable [...] Hemos oscilado entre la caricatura del aspecto moderno de las ciudades españolas del Mediodía, que a su vez lo es de otras europeas, o unas imitaciones árabes con aspecto de construcciones de cartón y decoraciones de barbería». Véase: Torres Balbás 1923: 142, Ortega Pichardo 1923: 296 y Gil Benumeya 1927: 10 y 1936: 41.

60   Lógicamente, al no indicar el artículo el nombre del oficial no sabemos con certeza la identidad del mismo, si bien pudiera tratarse, realizando un ejercicio tentativo que considero no muy alejado de la realidad, del ingeniero militar Andrés Fernández Osinaga, que fue alternando su vida personal y profesional, 1911-1915, con estancias en Ceuta y en Tetuán; en diciembre de 1912 compró una finca de tierras de monte y labor en la zona de Tetuán (AHPNM. CT. Protocolo n.º 27 de 1912, ff. 139 reverso-140); y a partir de 1914 desarrollaría distintos proyectos en Tetuán, incluido alguno civil en el Ensanche. En esta ciudad moriría, tras una corta enfermedad, el 20 de noviembre de 1916. La prensa local le dedicaría un sentido obituario (*El Eco de Tetuán*, núms. 1380-1381 de 21 y 22-11-1916: 1). Siguiendo a Bravo Nieto en sus indicaciones respecto a la autoría del trazado del Ensanche, Fernández Osinaga participaría, junto a Carlos Óvilo y al también ingeniero militar Rafael Fernández López, en la formulación del proyecto de Ensanche (Bravo Nieto 2000: 73-75).

61   La discreción era consubstancial a las actuaciones de los ingenieros militares antes de la puesta en marcha del Protectorado (véase, Urteaga *et al.* 2004: 262). En este caso, además, se añadía la posibilidad del interés, a dos años vista, de muchos empresarios, catalanes entre otros, en la compra de terrenos para el desarrollo del denominado barrio europeo de Tetuán, una vez consumada la ocupación. El acierto en la compra de terrenos suponía de posibilidad de reventa de los terrenos con altos beneficios.

dar cuenta de su misión. Por aquella época, siendo ya inminente la ocupación de Tetuán por los españoles, había ya cierto apresuramiento para la compra de terrenos que se suponía podían servir a la futura edificación; particularmente, si mal no recuerdo, una entidad catalana había ya efectuado la compra de los terrenos pegados a las murallas, por la parte de la ciudad que mira a Tánger. El interés de ellos era, naturalmente, que el barrio europeo se construyera en sus terrenos, pues, de ese modo, el metro cuadrado comprado a veinte iba a valer veinte veces más (*El Sol* n.º 527 de 16-5-1919: 4).

En tercer lugar, a la vista del proceso de constitución de la Compañía Comercial Marroquí, es bastante probable que la puesta en marcha de la Sociedad Oliva fuera similar. Así, en 1908 Pedro Oliva lideró la constitución de la compañía radicada en Melilla, rodeándose de una serie de personas de su confianza para, en una segunda fase y una vez constituida la sociedad, incorporar al Consejo de Administración a otras personas de mayor renombre que le dieran proyección social y fortaleza económica a la sociedad.

Respecto a la compañía para el desarrollo del Ensanche, cuando se constituyó la Sociedad en abril de 1913 Pedro Oliva llevaba ya dos años en Tetuán y había comenzado la compra de terrenos para el futuro del «nuevo barrio europeo». Parece claro que desde el comienzo Oliva contó con el apoyo económico de los que serían sus futuros socios y acordaron trabajar conjuntamente en el diseño de la sociedad, así como posicionarse tempranamente en la compra de terrenos en la ciudad durante 1911-1912. Un mes antes de formalizar legalmente la Sociedad en Barcelona, marzo de 1913, Feliú y Legares, como se ha indicado, viajan a la zona en lo que podríamos denominar una visita de reconocimiento y de verificación del teatro de operaciones y de la actividad realizada hasta entonces por Oliva. El liderazgo en esos momentos de Pedro Oliva en el proyecto, así como la confianza depositada en él por sus socios, parece indiscutible: hasta entonces era el único conocedor sobre el terreno de la realidad del norte de Marruecos y concretamente de Tetuán y de la colonia española antes de la ocupación militar, con la que tenía buenos contactos. Todo ello justificaría, además de su participación en el accionariado, que la Sociedad que se crearía para el desarrollo del Ensanche llevara su nombre. La Sociedad Anónima Oliva-Ensanche de Tetuán, cuya constitución y actuaciones iniciales expondré en el punto n.º 5, nacerá con un objeto fundacional claro: la puesta en marcha y el desarrollo del «nuevo barrio europeo» de Tetuán.

Por tanto, con carácter previo al establecimiento del Protectorado español y, claro está, a la formulación del futuro Ensanche, nos encontramos con un grupo de empresarios catalanes que decidieron posicionarse tempranamente en la compra de terrenos (dando de lleno en la diana de su emplazamiento tres años antes de su formulación y redacción), con los que intervenir en el inicio y el desarrollo del futuro «nuevo barrio europeo», y cuyo proceder y su filosofía empresarial de actuación influirán notablemente en los fundamentos o bases del Ensanche de Tetuán que se plantean a continuación.

Las bases teóricas o fundamentos de la nueva ciudad que se construirá en Tetuán

Toda acción colonial ha ido siempre acompañada de un «testimonio en piedra» que dejara constancia física a las futuras generaciones –a la Historia utilizando el triunfal y supremacista lenguaje colonial– de una etapa de dominio en los ámbitos político, militar, económico y cultural sobre unos territorios conquistados, anexionados o protegidos. El urbanismo se constituyó en la síntesis que mejor reflejó, en la práctica, la conjunción de estos ámbitos.

Con la documentación existente en manos del ejército y de la administración española desde el siglo XIX (planos, mapas...) y dando por fiable la noticia recogida por el diario *El Sol*[62], el primer borrador de desarrollo del «nuevo barrio europeo», y de lo que será, a partir de 1913, su redacción y formulación, se pueden indicar tres factores que sustentaron ideológica, experiencial e históricamente la planificación de la nueva ciudad.

En primer lugar, la proximidad. El Ensanche fue concebido como una nueva estructura urbanística que evitara la ruptura con la ciudad musulmana, es decir, que significara su continuidad urbana. De este modo, su emplazamiento no fue casual, sino que, en mi opinión, respondió a dos ideas nucleares del pensamiento colonial español que, a su vez, marcarían, con el tiempo, un fuerte distanciamiento de la acción urbana colonial francesa en Marruecos: a) la continuidad del «nuevo barrio europeo» con la medina representó un reflejo de la concepción teórica del urbanismo colonial español realizado en las ciudades americanas y del Pacífico occidental. Frente a la separación de los nuevos núcleos urbanos franceses, la actuación urbanística colonial española en la práctica se fundamentó en la cercanía, en la mezcla: en el mestizaje[63]. De este

---

[62] La información periodística coincide con la realidad en lo referido a la compra de terrenos que Pedro Oliva realizó en 1912 en la zona de la Puerta de Tánger.
[63] Para el sentido de la concepción histórica de las potencias colonizadoras a partir de la Edad Moderna, véase García de Cortázar 2020: 213 y ss.

manera, el contacto generó, desde la cercanía de las raíces culturales comunes y desde la superioridad de la metrópoli –inherente a toda acción colonial–, un lenguaje arquitectónico, decorativo y urbano que cristalizó, en muchos casos, en la fusión de los nuevos aires de modernidad con lo nativo, hasta el punto de que, pasados los años, muchos de los aspectos introducidos, nuevos o fusionados, serían reconocidos como elementos identitarios propios por la población nativa; b) esta diferente concepción de la planificación urbanística en ambas zonas del Marruecos protegido, asentada en la experiencia histórica, fue también una consecuencia de los distintos relatos narrativos que, aunque en ocasiones estuvieron más cargados de interesada retórica que de autenticidad, realizaron tanto España como Francia para justificar su acción colonial en Marruecos.

En el caso de España, la concepción histórica del mestizaje se tradujo en un discurso basado en la «hermandad hispano-marroquí»[64], amparado en la proximidad geográfica-cultural y en un «pasado común», Al Ándalus, que pervivía en las importantes huellas existentes de la presencia musulmana durante más de ocho siglos en la península, y cuyas manifestaciones y formas de hacer continuaban siendo perceptibles en Marruecos, en especial en Tetuán, la ciudad que acogió a una buena parte de los expulsos del Reino de Granada en los siglos XV y XVI[65]. Por contra, el relato francés, que fue unitario en toda su vasta acción colonial durante los siglos XIX y XX, enlazaba con la separación entre colonos y nativos, un distanciamiento sustentado en el concepto supremacista de la «misión civilizadora» del colonialismo, es decir, «en la total superioridad del colonizador y la total alteridad del colonizado» (Calderwood 2019: 27)[66].

---

[64] Esta cuestión ha sido estudiada por Mateo Dieste, J. L. (2003): La «hermandad» hispano marroquí. Política y religión bajo el Protectorado español en Marruecos (1912-1956). Barcelona: Editorial Bellatera.

[65] Este mensaje de hermandad, sobre todo en los años previos al Protectorado, no estaba exento de matices supremacistas y patrióticos. Tomas Maestre, uno de los ideólogos de este pensamiento, lo expresaba así, en un intento de exhortar a Canalejas a ocupar militarmente Tetuán: «Por todas partes se multiplican allí [en relación a las zonas ocupadas de la Región Oriental] los Dispensarios médicos militares, llevando á los hogares de los pobres é infelices berberiscos la caridad sin límites de esa abnegada, infatigable y cultísima Sanidad de nuestro Ejército... Se impone que inmediatamente ocupemos á Tetuán [...] Tetuán fue reedificada por moros españoles, en ella se conserva pura sangre de los árabes granadinos, sus judíos tienen nuestro idioma como lengua familiar y doméstica, la colonia europea tetuaní casi toda es española, y en las plazas y callejas de la encantadora «Ojos de manantial» aún vive el recuerdo del glorioso Ejército del general O'Donnell. Es preciso que sobre la alcazaba de Tetuán ondee otra vez y pronto la bandera de España» (El Mundo, n.º 1343 de 2-7-1911: 1).

[66] En el apartado b) sigo el interesante planteamiento que Calderwood realiza en su libro sobre la confluencia, tomando como base de referencia Al Ándalus, entre el discurso y

En segundo lugar, la formulación del Ensanche se sustentó en la experiencia vivida en el proceso de transformación que comenzó a obrarse en las ciudades españolas a partir de la primera mitad del siglo XIX, y que se concretó, por un lado, con el derribo de una parte de los antiguos recintos amurallados[67] que atenazaban el crecimiento de las urbes e imposibilitaban la conexión con los barrios surgidos a extramuros de las ciudades históricas; y de otro, con la aparición, en la segunda mitad del XIX, de los nuevos ensanches en los núcleos urbanos con el objetivo de conseguir el espacio necesario para el crecimiento de las ciudades, que ahora se pretendía ordenado y ajustado a nuevos cánones, de modo que la trama urbana comenzara a adquirir una fisonomía organizada y más acorde a las nuevas corrientes artísticas, arquitectónicas y urbanísticas. Esto se traduciría en la nueva ciudad de Tetuán en los derribos de una parte de la *fortis* musulmana[68] y en el diseño de una ciudad ordenada conforme a las máximas en boga a finales del siglo pasado.

Por último, en el orden práctico y desde una perspectiva cultural del desarrollo urbano, la formulación de la nueva ciudad debía dar respuesta a las necesidades básicas existentes tras la toma de Tetuán por el general Alfau: a) la militar, concretada en la resolución del alojamiento para los mandos militares y para la tropa mediante la construcción de las infraestructuras necesarias; la realización de vías de intercomunicación entre los diferentes equipamientos militares de la ciudad y la asistencia y abastecimiento a un ejército sumido en combates contra los resistentes nativos en la zona del Yebala. De este modo, el temprano establecimiento de los acuartelamientos militares[69] condicionaría y determinaría «la estructura de la zona donde se realizaría el futuro barrio europeo» (Bravo Nieto 2000: 73); b) la administrativa, diseñando la ciudad como el espacio contenedor de los múltiples edificios que la administración

---

la cultura del colonialismo español en el norte de África y la narrativa nacionalista tetuaní de las décadas de los años 40 y 50 del siglo pasado y la actual identidad nacional marroquí.

67 Este hecho, que comenzó a generalizarse en España a partir del primer tercio del siglo XIX, ponía en entredicho la función primigenia de las murallas como resguardo defensivo, al entender que ya no eran una necesidad para las ciudades, ya que representaban, por un lado, un elemento que impedía el desarrollo de las mismas: «Las murallas: de collar de perlas a cinturón opresor» (Serrano Segura 1991: 4) y, por otro, su derribo significaba «romper con los límites geográficos heredados del Antiguo Régimen… [para] acondicionar la ciudad a la medida de las necesidades de los nuevos grupos dominantes» (Cruz Valenciano 2014: 225 y 226).

68 Como podremos apreciar en los primeros trabajos de urbanización de la Plaza de España y del Ensanche.

69 «Para 1918 puede decirse que el programa arquitectónico de los grandes cuarteles de Tetuán estaba finalizado» (Bravo Nieto 2005:200).

del Protectorado requería para su funcionamiento (representativos, sanitarios, judiciales, educativos...); c) la residencial, planteando desde el inicio el diseño y creación de una moderna ciudad burguesa —en consonancia con los hitos de modernidad que circulaban por Europa—, concebida como un espacio residencial y comercial con una tipología arquitectónica acorde al gusto de las clases modernas dominantes, y que, al igual que los ensanches realizados en España, debía de ser un «reflejo de élites urbanas bien informadas y comprometidas con las tendencias urbanizadoras europeas» (Cruz Valenciano 2014: 222). Un Ensanche, al fin, hecho por y para la burguesía española y hebrea que preservara «la exclusividad de sus usuarios, para que estos pudieran establecer las necesarias fronteras espaciales con las clases bajas de la sociedad» (*ibid.*: 225). Esta característica de la «nueva ciudad europea» dejaba fuera, a pesar del enorme problema de vivienda que vivía la ciudad, como se expondrá en el siguiente capítulo, al conjunto de la población trabajadora que fue llegando a Tetuán desde la península y desde otras zonas del norte de Marruecos.

La puesta en marcha del Ensanche y la Sociedad Oliva. Primera fase: la constitución de la Sociedad «Oliva-Ensanche de Tetuán» y la gestión de Pedro Oliva (1913-1914)

Atendiendo a los fundamentos descritos, correspondería a la iniciativa privada una parte substancial de la puesta en marcha del Ensanche. Así, desde 1911 Oliva y Feliú aunarán sus fuerzas para impulsar el nacimiento de una compañía que sería clave en el desarrollo de la nueva ciudad. El 3 de abril de 1913 se constituye en Barcelona la Sociedad Anónima Oliva Ensanche de Tetuán, con un capital social de quinientas mil pesetas, dividido en 100 acciones al portador de cinco mil pesetas cada una[70]. Constituyeron la sociedad, ante el notario Mariano Ródenas Perona, José Castaño Capetillo, Francisco Legares Sargatal[71] y Juan Trillo Durán, los tres pertenecientes al ramo del comercio[72]. La compañía estableció su domicilio social en Barcelona[73], teniendo como objeto «la compra y venta de terrenos y todo lo referente al ramo de urbanización de los mismos y a la construcción de edificaciones» (artículo 1.º). Su régimen de administración se estableció a través de la Junta general de accionistas, del Consejo de Administración y del gerente. De ellos interesan especialmente el Consejo de Administración, formado por cinco miembros, quienes debían elegir de entre ellos al presidente, al secretario y al gerente que, nombrado por el consejo, ejercería la dirección técnica de la Sociedad con un amplio elenco de facultades para la realización de las operaciones precisas para el cumplimiento del objeto social, de las que deberá dar cuenta al consejo.

---

[70] Toda la información referente a la constitución de la Sociedad y a sus estatutos en AHPNB. Escritura n.º 167 de 3-4-1913. Tomo I del Protocolo general de instrumentos públicos de 1913 (enero-mayo), ff. 445-451. Notario: Mariano Ródenas Perona.

[71] Legares fue el compañero «banquero» que, según la prensa, acompañó a Feliú en su viaje a Tetuán, junto al nuevo cónsul, Rodríguez Viguri (véase *La Correspondencia militar*, n.º 10 778 de 19-3-1913: 2).

[72] Sobre los tres socios constituyentes, véase Anexo biográfico.

[73] El domicilio habitual utilizado por la Sociedad en sus convocatorias de Juntas Generales era la calle Nueva de San Francisco n.º 2, 1.º, 1.ª de Barcelona. Con posterioridad, a partir de 1921, traslada sus reuniones a la calle Trafalgar n.º 5 de la misma ciudad.

Un aspecto de interés, como podremos apreciar más adelante, es el referente a su disolución: la duración de la compañía será de diez años «que principiarán hoy y finirán en tres Abril de mil novecientos veinte y tres y se considerará prorrogada indefinidamente si al terminar este periodo no se acuerda su disolución» (artículo 31). El artículo siguiente establece que, caso de disolución, serán sus liquidadores el gerente y los miembros del Consejo de Administración.

Por último, en las disposiciones complementarias de los estatutos se indica que «compondrán el primer Consejo de Administración, D. Francisco Legares Sargatal, D. José Castaño Capetillo, D. Esteban E. Feliú Esquivel, D. Juan Trillo Durán y D. Pedro Oliva Sibil» (artículo 33).

El 9 de junio de 1913 se reúne el consejo nombrando presidente a José Castaño Capetillo, gerente a Pedro Oliva Sibil y secretario a Esteban E. Feliú Esquivel, «quienes previa aceptación quedan posesionados de sus cargos» (AHPNB. Escritura n.º 899 de 4-12-1914, f. 2315 reverso)[74].

La prensa económica de la época, muy interesada en dar a conocer los avances de España en Marruecos, recogió la noticia de la constitución de la sociedad, caso de *El Financiero hispano-americano*, n.º 668 de 16-1-1914: 6, de la *Revista ilustrada de banca, ferrocarriles, industria y seguros*, s/n de 10-2-1914: 4 o de la *Revista Nacional de Economía*, núms. 1-3 de 30-4-1919: 123, que, al hacer balance sobre las empresas que se habían puesto en marcha en la zona del Protectorado, indicaba: «Para negocios de urbanización y edificaciones, se estableció el «Ensanche de Tetuán» («La Oliva»), con medio millón de pesetas».

Al día siguiente de su nombramiento como gerente, Pedro Oliva otorga una escritura ante el cónsul en Tetuán en la que indicaba, «libre y espontáneamente», que todas las adquisiciones de terrenos e inmuebles realizadas en Tetuán y sus inmediaciones, así como las que realice en lo sucesivo «lo hace por cuenta y representación de la Sociedad Anónima «Oliva-Ensanche de Tetuán» a quien pertenece por tanto la propiedad de todos los terrenos aludidos» (AHPNM. CT. Protocolo n.º 9 de 1913, f. 148 reverso). La cuestión pretendía poner claridad en el patrimonio de la Sociedad respecto a las actuaciones de compra llevadas a cabo por Oliva antes de la constitución formal de la compañía, ya que, los futuros socios anticiparon dinero a Pedro Oliva para que comenzara las operaciones de compra de terrenos en el futuro

---

Al no disponer del libro de actas de la compañia, en algunas de las referencias a las fechas he utilizado escrituras notariales posteriores, en las que se describe el proceso seguido por la sociedad.

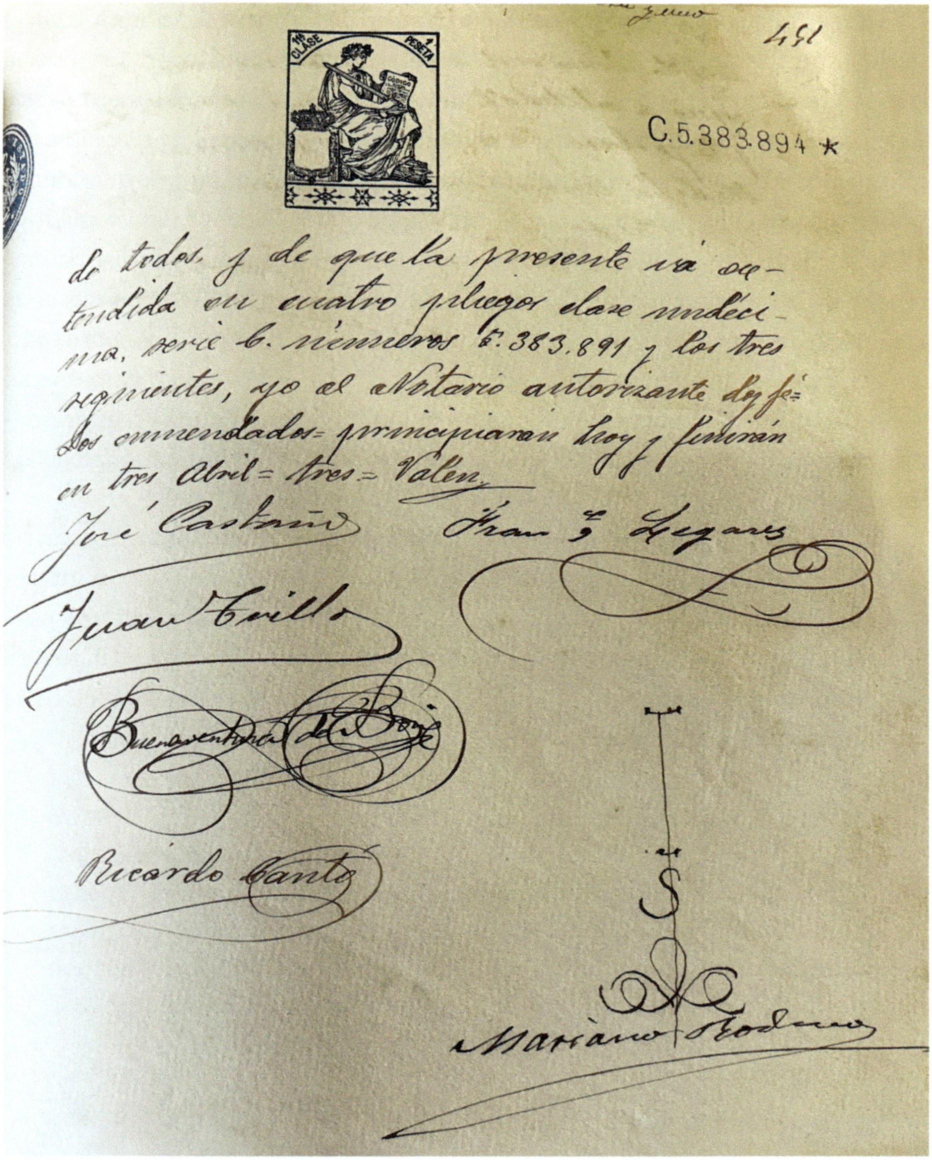
C.5.383.894 *

de todos, y de que la presente va extendida en cuatro pliegos clase undécima, serie C. números 5.383.891 y los tres siguientes, yo el Notario autorizante doy fe: Los enmendados= principiarán hoy y finirán en tres Abril= tres= Valen.

José Castaño

Juan Trillo

Buenaventura de Borja

Ricardo Canto

Figura 17. Página final de la escritura de constitución de la Sociedad Oliva-Ensanche de Tetuán, con la firma de los comparecientes, testigos y notario. Barcelona, 3 de abril de 1913

Ensanche, así como debieron autorizarlo para solicitar dinero en préstamo a entidades financieras[75].

75 Las compras que Oliva realizó en el futuro Ensanche, como la indicada de adquisición de dos bancales a Lebbady y a Mohamed Ben Mohamed El Hach en 1912, efectuadas antes

Desde esa fecha la presencia de Pedro Oliva en Tetuán será continua a lo largo de 1913, entrevistándose con el Alto Comisario a finales de agosto, y realizando, al menos en ese año, dos viajes a Barcelona para intentar resolver problemas relacionados con su actividad en Tetuán. El primero, el día 9 de mayo, con el objetivo de «ultimar los contratos con las empresas constructoras y fletar buques que conducirán los materiales para empezar las obras a primeros de julio» (*La Vanguardia*, n.° 14 525 de 10-5-1913: 11). El segundo, a comienzos de septiembre, «para ultimar detalles de la construcción de la nueva ciudad europea en los terrenos cercanos a la Puerta de Tánger» (*El Heraldo de Madrid*, n.° 8310 de 1-9-1913: 2), y, sobre todo, con el propósito de informar a sus socios de la bondad del proyecto empresarial de Tetuán, y para ello expone «al Consejo de Administración que se han presentado cuatro sociedades españolas que pretenden edificar al mismo tiempo en los terrenos de la nueva ciudad» (*La Vanguardia*, n.° 14 639 de 1-9-1913: 5).

En el mes de agosto de 1913, N. Rodríguez de Celis, redactor en Tetuán de *La Correspondencia de España* y fotógrafo de *Mundo Gráfico*, publica un interesante artículo titulado «La ciudad nueva», en el que además de hacer una poética descripción de lo que debería ser, desde el respeto a la medina, la futura urbe tetuaní, ensalza la activa figura de Oliva y su papel como artífice de la construcción de la nueva ciudad:

> Una importante Compañía, que dirige mi excelente amigo D. Pedro Oliva, va a empezar a fines de este mes la construcción de una ciudad española, al lado de esta hermosa «medina» mora... El proyecto de la Sociedad constructora es muy vasto. Lo que en él tiene verdadero interés general es que, una vez realizado, podrá el europeo que por capricho o por obligación resida en Tetuán, satisfacer todas las necesidades que la civilización le ha creado (*La Correspondencia de España*, n.° 20 275 de 16-8-1913: 1).

de la constitución de la Sociedad, se hicieron con aportaciones a cuenta de los futuros socios. También es posible que solicitaran préstamos bancarios, ya que, en este sentido, siendo Oliva gerente de la Sociedad Oliva, en noviembre de 1913 firmó unas letras ante la banca Theo Furth y Cia. por importe de 3851,94 pesetas. Al cumplirse el vencimiento en febrero de 1914, el representante de la entidad bancaria, León Abraham S. Israel, realizó un protesto ante el cónsul a comienzos del mes de marzo por impago de la referida letra de cambio (AHPNM. CT. Protocolo n.° 29 de 1914, ff. 71-72). Aunque es difícil determinar si el dinero era para la Sociedad o para movimientos del propio Oliva. Es probable que con su declaración notarial (AHPNM. CT. Protocolo n.° 9 de 1913) Pedro Oliva intentara no sólo despejar dudas entre sus socios sobre su quehacer en Tetuán, sino también sobre su pasado empresarial en Melilla. En cualquier caso, en el Anexo biográfico se apuntan datos acerca de la situación económica y de los débitos personales de Oliva en 1914, que serían de conocimiento generalizado en Tetuán, y que pudieron generar una situación de desconfianza por parte del Consejo de Administración sobre su persona y su gestión.

Entretanto, con Oliva a la cabeza, la Sociedad continúa en Tetuán con su actividad interna terminando

> los magníficos y amplios almacenes que construye en la puerta de la Luneta, creyéndose que en breve empezará con gran actividad la construcción de viviendas, que tanta falta hacen, a causa del excesivo aumento de población (*La Vanguardia*, n.º 14 732 de 3-12-1913: 13).

Un día después el mismo diario añadía que ya han comenzado «con gran impulso las construcciones, esperando acudan albañiles y carpinteros, a los cuales se les pagan diez y doce pesetas diarias de jornal, asegurándoles trabajo continuado» (*La Vanguardia*, n.º 14 733 de 4-12-1913: 16).

Impulsar la construcción de viviendas no era un tema baladí en esos instantes para Pedro Oliva, buen conocedor de la situación y de las necesidades a corto y medio plazo de la ciudad. Sin hacer un análisis pormenorizado (la información sobre esta cuestión es abundante en la prensa del momento), hay que indicar que la falta de viviendas fue, durante la primera década de vida del Ensanche, el principal problema en la vida de la ciudad y una fuente constante de denuncias por parte de la prensa local debido a la carestía del alquiler y a la situación de indignidad en que vivían muchos de los llegados a Tetuán, en especial la mano de obra procedente de la península en busca de trabajo. El primer aviso lo dio muy pronto *El Eco de Tetuán*:

> Hoy que somos pocos los europeos que aquí habitamos, es muy difícil, por no decir imposible, encontrar casas para alquilar, así es que el día que la población aumente, como tiene que suceder, las familias que vengan a residir a Tetuán tendrán que vivir en tiendas de campaña en los solares que hay o en la Plaza de España, y hay que ver que esto no es muy alhagador [sic] (*El Eco de Tetuán*, n.º 123 de 22-12-1912: 1).

Algún tiempo después, respecto al lugar en el que residían los llegados a la ciudad, indicaba: «... [ocupando] lo que en otros tiempos fueron detestables cuadras» (*El Eco de Tetuán*, n.º 1000 de 27-8-1915: 3). Desde entonces, este mismo diario, la revista *África*, *El Norte de África*, *El Mediterráneo*..., todos coincidieron en señalar la falta de viviendas como el principal problema de la ciudad:

> Se me dirá que existen unos terrenos destinados a ensanche de Tetuán, que en él se han comenzado a edificar algunas casas pero nosotros

replicaremos que los pisos más económicos rinden a sus propietarios 125 pesetas al mes, y que la mayoría de los compatriotas que en Tetuán residen no pueden, teniendo en cuenta sus ingresos, pagar más de 50 o 60 pesetas mensuales en concepto de alquiler (*El Eco de Tetuán*, n.º 1447 de 9-2-1917: 1 y *África Española*, n.º 45 de 28-2-1917: 221-222).

Ítem más, el director de *El Telegrama del Rif*, Cándido Lobera, indicaba que

El ensanche de la puerta de Tánger, sólo en parte resuelve el problema [de la vivienda]. El agio eleva demasiado el precio de los solares. El metro cuadrado se cotiza de 75 a 125 pesetas (*La Construcción Moderna*, n.º 8 de 30-4-1918: 61).

De ahí la buena acogida que tuvo en la prensa las iniciativas de Pedro Oliva dirigidas a impulsar la creación de viviendas en Tetuán.

El año 1914 va a ser decisivo en la génesis del Ensanche y en el papel que desempeñará en el mismo la Sociedad Oliva. En primer lugar, en febrero Pedro Oliva viaja de nuevo a Barcelona «al objeto de evacuar asuntos relacionados con el ensanche de Tetuán» (*La Vanguardia*, n.º 14 810 de 20-2-1914: 12), a la vez que se comienzan a preparar los procesos de demolición en zonas laterales a la puerta de Tánger y el zoco del Trigo, que se terminarán al año siguiente, y que posibilitarán la construcción de la Plaza de España y meses más tarde su adoquinado, así como el que unirá la plaza con la calle principal del «Ensanche Oliva» [sic] (*El Eco de Tetuán* n.º 925 de 8-6-1915: 2 y n.º 927 de 10-6-1915: 2). En segundo lugar, lo realmente trascendente del año fue que en el mes de mayo se publica el *Reglamento para las edificaciones en el ensanche oeste de Tetuán*, que estipulará los procedimientos y condiciones para la construcción de edificios en la nueva ciudad. En este Reglamento, la compañía de Pedro Oliva recibe la encomienda de las tareas previas a las edificaciones. Así, en su artículo 2.º indicaba:

La explanación de las calles será de cuenta de la Sociedad anónima «Oliva Ensanche de Tetuán» y la ejecución de las aceras estará á cargo de la misma, pero le será abonada por la Junta con lo que recaude de los que solicitan permiso para edificar (*Boletín oficial de la zona de influencia española en Marruecos*, n.º 27 de 10-5-1914: 269).

Para acelerar el proceso constructivo, una vez finalizada la urbanización, la Junta de Servicios Locales[76], en reunión celebrada a comienzos del mes de junio, acuerda una serie de incentivos y facilidades para quienes deseen construir en el Ensanche en un plazo de dos años, entre ellas: se condonan los derechos previstos por metros lineales de fachadas (contemplados en un principio para construcción de aceras y alcantarillado), se conceden dos años de prórroga en la construcción en los terrenos, que serán cedidos sin hacer depósito previo, y se prorroga el pago del impuesto de solares hasta un año después de finalizada la explanación de las calles (*La Correspondencia de España*, n.° 20 569 de 6-6-1914: 1). En el mismo sentido se expresará meses más tarde, haciendo balance de lo realizado hasta entonces en el Ensanche, la revista *La Construcción Moderna*, dejando claro cuál fue el objetivo de los acuerdos tomados:

> Los solares fueron cedidos a largo plazo y de esa manera se consiguió romper el hielo. Actualmente se construyen 15 edificios, y todo induce a creer que seguirán otros muchísimos (*La Construcción Moderna*, n.° 23 de 15-12-1915: 18).

En esta situación, en que los trabajos iniciales de explanación del Ensanche habían sido adjudicados a la Sociedad Oliva, el 18 de abril de 1914 se reúne en Barcelona su Consejo de Administración:

> Expuesto por el Señor Presidente el objeto de la convocatoria, oída la opinión de todos los concurrentes y en vista de que el gerente Don Pedro Oliva Sibil, por circunstancias agenas [sic] á su voluntad no puede consagrar á las operaciones sociales toda la eficaz y permanente atención que las mismas requieren, se acuerda separarle del cargo... El Sr. Oliva manifiesta que si bien ha de aceptar el acuerdo tomado por el voto de todos los otros miembros del Consejo, no se conforma con el mismo por basarse á su juicio en una apreciación equivocada, y acto seguido se retira... Seguidamente por unanimidad se nombra gerente a Don Francisco Legares Sargatal, quien acepta la designación (AHPNB. Escritura n.° 877 de 28-11-1914. Tomo III, ff. 2261-2262. Notario: Mariano Ródenas Perona)[77].

---

[76] Organismo municipal responsable de otorgar licencias de construcción, de supervisar y agilizar el proceso constructivo en el Ensanche. Fue creado por Dahir de fecha 16 de junio de 1913 con el objetivo de encauzar la vida municipal de Tetuán. Celebró su primera reunión al día siguiente de su creación (Ibn Azzuz Haquim 1952: 538).

[77] Los acuerdos del Consejo están recogidos en esta escritura de noviembre de 1914.

Figura 18. «Plaza de España, en Tetuán, a cuyo fondo se ve el consulado de nuestra nación, y que fue ocupada por nuestras tropas al mando del general Alfau». *Mundo gráfico*, n° 69 de 19-2-1913: 21. Foto R. de Celis. Imagen procedente de los fondos de la Biblioteca Nacional de España

No obstante su cese, Pedro Oliva regresará unos meses después a Tetuán, en donde contaba con la colaboración de su hermano Francisco. Así, está documentado un contrato de arrendamiento con el majzén de «un terreno para construir situado en Tetuán en Bab-Er-Remuz con una superficie de 1030 m², junto a las murallas de la ciudad, la carretera y el molino». El contrato fue firmado el 18-9-1914, y el terreno se arrienda por una duración de 30 años y con un alquiler mensual de 1287 pesetas hasaní (AHPNM. CT. Protocolo n.º 69 de 1-7-1915: ff. 183 reverso-185)[78]. Este contrato será de suma importancia para el futuro de la familia de Pedro Oliva y para el cumplimiento de su legado testamentario.

Por último, un acontecimiento inesperado vendrá a cerrar definitivamente la primera fase de la gestión de la Sociedad en Tetuán. Así, el 25 de octubre de 1914 la prensa local abría su edición con el fallecimiento de Pedro Oliva:

> En las últimas horas de la tarde del domingo el telégrafo nos trajo la noticia del fallecimiento de nuestro querido amigo don Pedro Oliva... Hombre de grandes iniciativas, cuando en Tetuán nadie se preocupaba del porvenir y embellecimiento de la ciudad, don Pedro Oliva comenzó a adquirir terrenos y a planear el ensanche que muy pronto ha de ser un hecho (*El Eco de Tetuán*, n.º 736 de 25-10-1914: 1).

La muerte de Oliva no fue publicada por ningún medio escrito en España. Especialmente llamativo resulta que los diarios catalanes, que tanto eco se habían hecho de la participación de Oliva en el inicio del Ensanche, no recogieran

---

[78] El contrato de arrendamiento aparece en el testamento de Pedro Oliva, por eso este protocolo tiene fecha posterior a la ejecución del contrato de alquiler.

nada de ella. El fallecimiento de Oliva solo recibió la reseña de *El Eco de Tetuán*. Las circunstancias de su muerte, que se indican en el Anexo biográfico al igual que su testamento, explican el silencio informativo sobre su deceso.

El cambio de gerente en la Sociedad y la muerte de Pedro Oliva, de la que se dio cuenta en el Consejo de Administración celebrado el 25 de noviembre de 1914 (AHPNB. Escritura n.° 877 de 1914, f. 2262. Notario: Mariano Ródenas Perona), abrían un giro substancial en la gestión de la compañía, de modo que la Sociedad Oliva modificaría su presencia en la ciudad, a la vez que reforzaría notablemente sus actuaciones en la misma, y, sobre todo, daría paso al resurgir

Don Pedro Oliva

En las últimas horas de la tarde del domingo el telégrafo nos trajo la triste noticia del fallecimiento de nuestro querido amigo don Pedro Oliva.

En todas las clases sociales de Tetuán gozaba el señor Oliva de grandes simpatías, entristecienlo á todos la noticia de su muerte, que en pocos momentos cundió por toda la ciudad.

Hombre de grandes iniciativas, cuando en Tetuán nadie se preocupaba del porvenir y embellecimiento de la ciudad, don Pedro Oliva comenzó á adquirir terrenos y á planear el ensanche que muy pronto ha de ser un hecho.

Descanse en paz nuestro querido amigo y reciba su apenada familia nuestro más sentido pésame.

Figura 19. Noticia del fallecimiento de Pedro Oliva. *El Eco de Tetuán*, n° 736 de 25-10-1914: 1. Biblioteca General y Archivos de Tetuán

del personaje llamado a dominar los entresijos de la Sociedad durante más de dos décadas, Esteban Emilio Feliú, que tendrá una gran influencia en la sociedad tetuaní de la época.

6

Segunda fase: un cambio de rumbo en la gestión. La penetración de la Sociedad Oliva-Ensanche de Tetuán en el entramado social y económico de la ciudad (1914-1923)

Esta segunda fase va a estar marcada por cuatro aspectos que modificarán profundamente la dirección técnica de la compañía realizada en el primer periodo de gestión por Pedro Oliva. En primer lugar, la idea primigenia de la construcción de viviendas (que no solo aparece en diversas noticias de prensa unida a la estancia de Pedro Oliva en Tetuán, sino también en las actuaciones posteriores de Feliú y otros socios, como veremos a continuación) comenzará en poco tiempo a ceder terreno a favor de que la compañía centrara sus actuaciones en la compra y venta de terrenos (a partir de 1915 comenzará a anunciarse en la prensa local como sociedad dedicada a la venta de solares), haciendo de la especulación su objetivo prioritario.

En segundo lugar, la gestión de la Sociedad se va a realizar en paralelo a un proceso de penetración social y económica en la ciudad de quien definitivamente será su cabeza visible: Esteban Emilio Feliú. En tercer lugar, en su proceso de arraigo, la Sociedad será inscrita en el Registro Mercantil de Tetuán, vinculándose, por tanto, mercantilmente a la ciudad. Y, por último, al amparo del conocimiento de la zona y de la relevancia que comenzó a adquirir la Sociedad en Tetuán, un grupo de empresarios pertenecientes a la mediana burguesía comercial catalana y catalanista, amigos y socios de Feliú, constituirán otras sociedades paralelas, abriendo el abanico de sus actuaciones en la zona de la capital del Protectorado.

6.1. Dejando atrás la gestión de Pedro Oliva: 1914-1916

El nombramiento como gerente de Francisco Legares en abril de 1914[79], significó en la práctica dejar la orientación a seguir por la Sociedad en manos de

---

[79] En el momento de su nombramiento como gerente, Legares era una persona joven, nacida en Olot, vinculada al comercio, avecindada en Barcelona y uno de los máximos

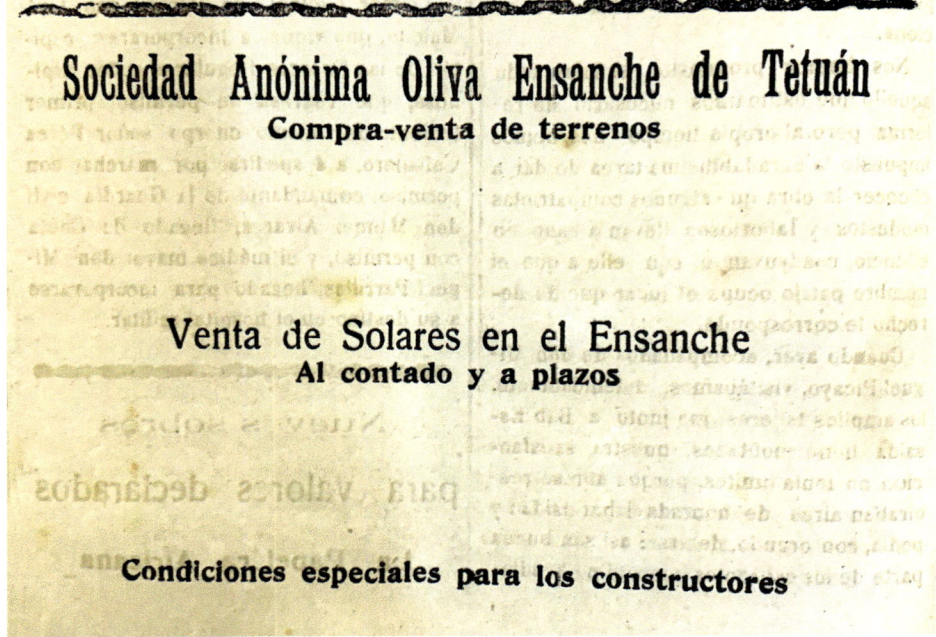

Feliú, que era en esos momentos secretario del Consejo de Administración. Así, una de las primeras acciones que toma el Consejo fue la cesión de poderes del gerente a los que podríamos denominar los «administradores *in situ*» de la Sociedad, es decir a dos personas con residencia estable en la ciudad que, a las órdenes de Feliú —que alternaba periodos de estancia en Tetuán con otros en Barcelona—, realizaban las compras y ventas de terrenos, previa delegación de poderes por el gerente para cada una de las operaciones. Los administradores fueron Jaime Gelis Forgas, casado con una prima de Legares, de profesión, según las escrituras, unas veces maestro de obras, otras albañil, y Marcelino Cía González[80], ceutí de nacimiento, y por tanto buen conocedor de la zona, que

accionistas de la Sociedad Oliva. Sus problemas de salud y, por tanto, su escasa capacidad de movimientos, propiciaron una gestión basada en una multiplicidad de delegaciones de poder a los «administradores in situ» y, sobre todo, que las decisiones de la Sociedad quedaran cada vez más en manos de sus compañeros del Consejo de Administración, en especial de Feliú.

[80]   A la luz de los hechos, como podremos comprobar en el texto, en estas fechas cada uno de estos administradores cubría parcelas diferentes en las actuaciones de la sociedad. Mientras que Gelis asumía la parte correspondiente a la construcción (actividad de la que

permanecerá ligado durante más de treinta años a la persona de Feliú, más allá de la propia Sociedad Oliva, en tareas de administración.

Si bien desde 1913 comienza la construcción de los primeros edificios administrativos (Bravo Nieto 2000: 145-149), documentalmente sabemos, a través de las sinopsis de los acuerdos de la Junta de Servicios Locales publicados en prensa y de las noticias recogidas en el diario local[81], que 1915 fue el punto de partida para las construcciones promovidas por particulares. La primera construcción particular en el Ensanche correspondió a Carlos Sánchez y Cía., con proyecto del ingeniero militar Fernández Osinaga, «que con un desinterés que le honra, ha tomado sobre sí el plano de los terrenos del Ensanche y la dirección de la construcción de la casa». Así, el 5 de febrero de 1915 se realizó una fiesta con motivo de la colocación de la primera piedra, a la que asistieron autoridades civiles y militares de la ciudad (*El Eco de Tetuán*, núms. 821-823 de 4 al 6-2-1915: 1). El comienzo de la actividad constructiva favoreció la vinculación con la ciudad de una serie de contratistas[82] que recibieron autorización para levantar diversos edificios en el Ensanche, entre ellos la sociedad López y Picayo[83].

---

la sociedad aún no se había desprendido), Marcelino Cía era el responsable de la gestión de compra y venta de terrenos. Sobre ambos, véase Anexo biográfico.

81 La imposibilidad de acceder a los archivos del Ayuntamiento de Al-Azhar de Tetuán impide conocer las fuentes documentales directas, actas de los acuerdos de la Junta de Servicios Locales, y, por tanto, conocer con precisión el conjunto de licencias y autorizaciones de obras, así como las convocatorias y adjudicaciones de los concursos de equipamientos públicos realizados durante este periodo.

82 En estos primeros años, el número de contratistas en Tetuán no fue muy amplio, si bien las subastas de obras públicas atrajeron a algunos de ellos, caso de Egmidio las Heras, que realizó el alcantarillado de la Plaza de España, de López Pastor, que realizó naves de almacén en Río Martil o de José María Escriña y de López Trio, quienes realizaron la carretera Martil-Tetuán. Conforme se fue desarrollando el Ensanche, su número aumentó, si bien ninguna gran empresa española de construcción se instaló en la zona durante el periodo 1907-1923 (Morales Lezcano 2015: 80-81); sí se crearon algunas empresas auxiliares, caso de la fábrica de ladrillos La Primitiva, fundada por Vicente Manuel en 1914 en Sania Ramel, y de Cerámica de los Castillejos S.A., fundada en 1918. La Primitiva atendió los pedidos de los constructores del Ensanche y los de la Comandancia de Ingenieros (*ABC*. ed. Madrid, 18-2-1918: 24). No obstante, por los restos encontrados en el cuartel de Dar Rifien en Castillejos y en el de Regulares junto a la Alcazaba, para la construcción de estos acuartelamientos se importó material de barro obrado cocido de dos fábricas alicantinas: Unión cerámica alicantina Los Ángeles y San Antonio. El panorama de contratistas y empresas en Tetuán comenzó a cambiar en 1917, año en que consta un mayor número de interesados en el concurso del nuevo Mercado de Tetuán, así como un conglomerado de contratistas participaron en el concurso para la construcción del edificio de la ya denominada Junta de Servicios Municipales (Bravo Nieto 2000: 143).

83 La sociedad López y Picayo, constituida en abril de 1914 por Bonifacio López Pastor y Miguel Picayo Rivero (*El Eco de Tetuán*, n.º 874 de 9-4-1915: 2), fue una de las empresas

LÓPEZ Y PICAYO
CONTRATISTAS DE OBRAS

Fabricantes de mosáicos hidráulicos, piedra artificial, cemento armado, fachadas, zócalos, balaustradas, escaleras, bañeras, stregadoras, lavaderos, columnas, tableros imitación á mármoles y en granito y todo los trabajos de este ramo por dificiles que sean.

Taller de construcción y reparación de automóviles y toda clase de carruajes.
Fundiciones de metal y bronce.-Grandes Talleres de Cerrajería Mecánica.-Depósito de materiales de construcción en Tetuán y Río Martín.-Despacho en la Fábrica: Puerta de Bab Essaid

Figura 21. Anuncio en prensa de la sociedad López y Picayo, contratistas de obras. *El Eco de Tetuán*, nº 1.013 de 11-9-1915: 3. Biblioteca General y Archivos de Tetuán

La actividad constructora se incrementa en el Ensanche en el segundo semestre de 1915. Así, se autoriza la construcción de edificios a Elías J. Benatar y a Juan Zurita (*El Eco Tetuán*, n.º 1001 de 28-8-1915: 3); a Elías M. Benatar en calle E, a Amalia Farache Hadid en calle Z y a Gonzalo Moreno Mena en calle Ñ (*ibid.*: n.º 1016 de 15-9-1916: 2); a Vidal S. Israel (*ibid.*: n.º 1017 de 16-9-1916: 2); a Jacob Bentata y Cía tres casas en calle B, manzana 45 (*ibid.*: n.º 1024 de 24-9-1915: 1) y a Miguel Picayo, en la parcela n.º 59 (*ibid.*: n.º 1101 de 18-12-1915: 2).

En el caso de las construcciones autorizadas a Elías J. Benatar y al farmacéutico Juan Zurita, el permiso fue otorgado «al contratista de obra don Jaime Selis [sic][84], [a quien] ha sido encomendada la construcción de dos grandes edificios en el ensanche de esta ciudad» (*El Eco de Tetuán*, n.º 1001 de 28-8-15: 3). En ambas edificaciones, siguiendo el binomio residencial-comercial característico del Ensanche, las plantas bajas serían dedicadas a actividades comerciales: un gran café y billar, en el edificio de Benatar, y una farmacia y droguería en el caso de Zurita (*ibid.*). Jaime Gelis también realizó «la construcción de la primera casa que de mampostería se ha realizado en Río Martín» (*El Eco de Tetuán*, n.º 925 de 8-6-1915: 2). Las adjudicaciones a este contratista ponen de

---

pioneras en la construcción de la «nueva ciudad», prestando sus servicios tanto a particulares como a la propia administración. En este sentido, previa adjudicación por la Junta de Servicios Locales, construyó el nuevo mercado del pescado de Tetuán (*El Eco de Tetuán*, n.º 1013 de 11-9-1915: 3). La sociedad fue disuelta solo unos meses después, haciéndose cargo del activo y del pasivo Miguel Picayo Rivero (*El Eco de Tetuán*, n.º 1083 de 2-11-1915: 2).

84 Entiendo que se trata de un error tipográfico del diario, y que se refiere a Jaime Gelis.

manifiesto que la Sociedad Oliva en su primera fase de actuación en Ensanche, conforme a lo recogido en su objeto social, realizó obras de construcción y edificaciones. Pero las mismas no constan como actuaciones propias de la Sociedad, sino que son realizadas a través de algunos de sus socios[85] vinculados con la actividad constructiva en Tetuán: Jaime Gelis Forgas, de profesión maestro de obras, comienza a figurar como administrador de la Sociedad Oliva en Tetuán a partir de mediados de 1914 (AHPNB, 1914-1916, notarios Mariano Ródenas y José M.ª Aguirre). De otro lado, Feliú había seguido estando presente en la ciudad y, también, en el proceso constructivo y de urbanización que se estaba operando en Tetuán. Así, a mediados de ese mismo año, 1915, actúa como responsable ante la Junta de Servicios Locales en la gestión de las autorizaciones y permisos para la explanación de calles del Ensanche en las que la Sociedad tenía parcelas de su propiedad (*El Eco de Tetuán*, n.º 994 de 20-8-1915: 1 y n.º 1101 de 18-12-1915: 2). En el mes de diciembre de 1915, su nombre vuelve a aparecer en un proyecto necesario para la ciudad: la Junta de Servicios Locales se planteó la puesta en marcha de un nuevo matadero[86],

> cosa verdaderamente precisa, pues en la actualidad el sacrificio de las reses para el consumo anda forzosamente reñido con la higiene. El proyecto es del capitalista catalán Sr. Feliú, que a lo que parece ha hecho una buena obra (*La Construcción Moderna*, n.º 23 de 15-12-1915: 23).

En idéntico sentido y con la misma literalidad recoge la noticia la revista *África española* (n.º 31 de 30-12-1915: 108).

De este modo, como síntesis de la actividad constructiva, a finales de 1915 había en marcha 15 edificios en el Ensanche, como se indicó con anterioridad (*La Construcción Moderna*, n.º 23 de 15-12-1915: 18).

---

[85] Indico con ello que estas actuaciones no tuvieron un soporte contractual escriturado ante el consulado, si bien pudieron haberse realizado mediante contratos privados. La imposibilidad de acceder a los archivos del Ayuntamiento de Al-Azhar de Tetuán deja abierta la hipótesis. Tampoco tengo constancia de ninguna otra sociedad creada al efecto, si bien consta documentalmente la participación de Feliú en otras sociedades, pero en ninguna de ellas figuraba la construcción en su objeto social.

[86] El nuevo matadero se ubicó, por razones higiénicas, en las afueras de la ciudad, en concreto en la carretera de Tánger. A tal fin se le compró una parcela de terrenos al Hach Mohamed ZiuZiu por un importe de seis mil pesetas españolas. Allí se ubicaría el matadero junto a otras dependencias municipales, como «parque de material de incendios, limpieza, etc.» (*El Eco de Tetuán*, n.º 848 de 6-3-1915: 1).

SOCIEDAD ANÓNIMA OLIVA ENSANCHE DE TETUÁN

La Junta general ordinaria se celebrará a las once de la mañana del día 31 del corriente Marzo en Barcelona, calle Nueva de
San Francisco, núm. 2, piso primero, pudiendo asistir a la misma
los señores accionistas que, con cinco días de anticipación, depositen sus títulos en la Caja social.

Barcelona, 6 de Marzo de 1918.—El Gerente, *Francisco Legares*.

Figura 22. Convocatoria de Junta General ordinaria de la Sociedad Oliva firmada por el gerente. *Boletín oficial de la zona de influencia española en Marruecos*, n° 5 de 10-3-1918: 233. Biblioteca General y Archivos de Tetuán

Al margen de estas actuaciones constructivas, la operatividad interna de la Sociedad Oliva será también intensa al inicio de la segunda fase. Así, entre septiembre de 1914 y julio de 1916 el nuevo gerente continúa con las delega-ciones de poder[87], bien a los dos administradores que operaban en Tetuán en nombre de la compañía para la compra-venta de solares del Ensanche, bien a Feliú, en este caso para el cierre de algunas operaciones de especial importan-cia, como la que será reseñada a continuación.

Por este procedimiento de delegación de poderes a los administradores, la Sociedad les autoriza, entre septiembre de 1914 y julio de 1916, la realización de hasta quince posibles operaciones de ventas de terrenos[88] que afectarían a un total de superficie dispuesta para su venta de 5664 m², con un montante resul-tante, en el caso de que fueran vendidas, de 162 819 pesetas. Con la información particularizada de la superficie y del precio de venta tasado por la compañía, el promedio general fue de 27,75 pesetas/m², aproximadamente[89].

Entre las delegaciones de poder para sacar adelante una hipotética venta, la operación más importante, en la que se indica el precio pero no la superficie

[87] Véase AHPNB, 1914-1916, notarios Mariano Rócenas y José M.ª Aguirre.

[88] Hablo de «posibles operaciones de venta», toda vez que algunas de ellas no figu-ran luego entre las ventas realizadas y escrituradas ante el cónsul de Tetuán en funciones de notario.

[89] Esta información resulta de interés, toda vez que permitiría promediar *grosso modo* los precios del Ensanche por manzana y en su conjunto. Incluso, atendiendo a la evolución de los índices de precios de consumo (IPC) en España en el periodo de actuación de la Sociedad Oliva en Tetuán, se podría realizar una hipótesis sobre las cantidades totales invertidas por la compañía en la compra y venta de terrenos durante el periodo 1914-1923. Para realizar estas estimaciones véase, Maluquer de Motes i Bernet 2006 y Ojeda Eiseley 1998.

de los terrenos, merece un comentario especial. Se trata de un traspaso de poderes plenos del gerente a Esteban Emilio Feliú, a principios de julio de 1916, para proceder a la venta al Estado español, o al organismo competente que lo represente, de los terrenos que pertenecen a la Sociedad y que actualmente ocupan el Cuartel «Er Caina» conocido también como Cuartel de Borbón en calle F, al precio de 60 pesetas/m²; de los terrenos que ocupa el Cuartel de Caballería contiguo a la Puerta de Fez en calle D del Ensanche, a 55 pesetas/m²; y de los terrenos del Cuartel de Infantería, llamado «Er Cini», en calle R a 50 pesetas/m² (AHPNB. Escritura n.º 344 de 1916, ff. 1119-1124. Notario: Mariano Ródenas Perona)[90]. Como podemos apreciar en los tres casos anteriores, el precio de venta por m² es muy superior al indicado en el promedio del precio de otros solares a la venta en el Ensanche por la Sociedad.

Aunque esta posible operación de venta al Estado no se encuentra entre las escrituras formalizadas de venta existentes en los archivos del consulado de Tetuán en Madrid, resulta de especial importancia y significación, ya que a mi juicio aporta información suficiente para subrayar tres aspectos de relevancia en relación al desarrollo del Ensanche: en primer lugar, que la actividad vendedora de la Sociedad no se restringió a particulares, ya fueran personas físicas o jurídicas, como el caso del Casino Español o de la sociedad Antonio Alenda y Compañía, sino que también afectó a cuantas instituciones precisaran terrenos en el Ensanche, y de modo especial al propio Estado español, como es el caso de los cuarteles o como ocurrirá años más tarde con los terrenos que albergarán la Iglesia de Ntra. Sra. de las Victorias, en la actual plaza Muley Mehdi, y al conjunto de la manzana n.º 30 que ocupará la Misión católica en la que se encuadraba la iglesia (esta cuestión será analizada en el punto n.º 7). En segundo lugar, que el hecho de ceder a la iniciativa privada el desarrollo del Ensanche, una de las bases o fundamentos de su formulación, ya comentado, propició que el propio Estado tuviera que recurrir a entidades privadas cuando necesitaba terrenos, obviando otros procedimientos administrativos a su alcance, caso de la expropiación, que podrían haber sido utilizados para obtener los terrenos a menor precio cuando el proyecto a realizar, como era el caso de los cuarteles, tuviera un interés público,

---

[90] Con anterioridad a este poder a Feliú, dos años antes el gerente había hecho otro poder a los administradores para proceder, cuando fuera preciso, a la venta de los mismos terrenos (AHPNB. Escritura n.º 344 de 19-6-1915. Tomo II del Protocolo general de instrumentos públicos de 1915, ff. 1051-1056. Notario: Mariano Ródenas Perona). Por lo que se ve, la encomienda no fructificó y se puso directamente en manos de Feliú.

máxime disponiendo de un instrumento ya reglamentado desde 1917[91]. Y en tercer lugar, esta operación pone de manifiesto que la temprana llegada a Tetuán, 1911-1913, de Oliva y Feliú no solo marcó el inicio de la compra de terrenos en el Ensanche por parte de la Sociedad, sino que también condicionó su desarrollo, ya que cuando se plantea la puesta en marcha de determinados servicios básicos, caso de las infraestructuras militares, los terrenos, o al menos una parte de ellos, estaban en manos de particulares. Respecto a la puesta en marcha de estos establecimientos militares, resulta de interés lo que indica Bravo Nieto:

> Entre 1913 y 1914 se define en lo básico el asentamiento de las instalaciones militares de Tetuán, desde entonces se iniciaría en ella un intenso movimiento constructivo que ocuparía todo el decenio (Bravo Nieto 2000: 73).

Entre estas instalaciones militares Bravo cita «los cuarteles R'Kaina (sur), Regulares, Caballería (junto a la puerta de Fez), Artillería de Montaña y R'Sini al oeste» (*ibid.*), tres de los cinco que figuran en el poder otorgado a Feliú para la venta de esos terrenos al Estado español.

Para concluir este apartado del periodo de vida de la Sociedad, 1914-1916, quisiera reseñar dos escrituras que de algún modo van a determinar el futuro de la compañía en Tetuán, marcando su asentamiento definitivo en la ciudad, y que determinarán su proceder a partir de esos años.

A comienzos de 1916, el gerente otorga poderes a los administradores para que procedan a la inscripción de los bienes que en ese momento poseía la

---

91 Con fecha 17 de marzo de 1917 se procedió a la publicación de un dahir estableciendo el *Reglamento de expropiación forzosa por causas de utilidad pública* que quedaba en manos del Majzén y que, en su artículo 5.º, contemplaba que las obras «de ensanche y reforma interior de las poblaciones podrían ser consideradas como de utilidad pública para los efectos de la expropiación forzosa» (*Boletín oficial de la zona de influencia española en Marruecos*, n.º 7 de 10-4-1917: 334). Quedaban fuera de las expropiaciones forzosas «las iglesias, mezquitas, sinagogas, santuarios y cementerios reconocidos» (art. 1.º). Las expropiaciones, si bien fueron utilizadas en algunas obras públicas, caso del ferrocarril Ceuta-Tetuán, comenzarán a ser frecuentes a partir de mediados de la década de 1920. No obstante, en la primera época son muy escasos los casos relacionados con expropiaciones en el Ensanche, entre ellos el de «una casa situada en el ángulo de la Plaza de España y la calle Alfonso XIII [...] para poder realizar la alineación de la última vía mencionada» (*Boletín oficial de la zona de influencia española en Marruecos*, n.º 11 de 10-6-1918: 428). El propio entramado societario que conformaría Feliú en Tetuán también se vio sometido años más tarde a la expropiación por utilidad pública de una parcela de 802,30 m² en la manzana n.º 55 del Ensanche (*Boletín Oficial del Protectorado español en Marruecos*, n.º 9 de 10-5-1930: 463-464).

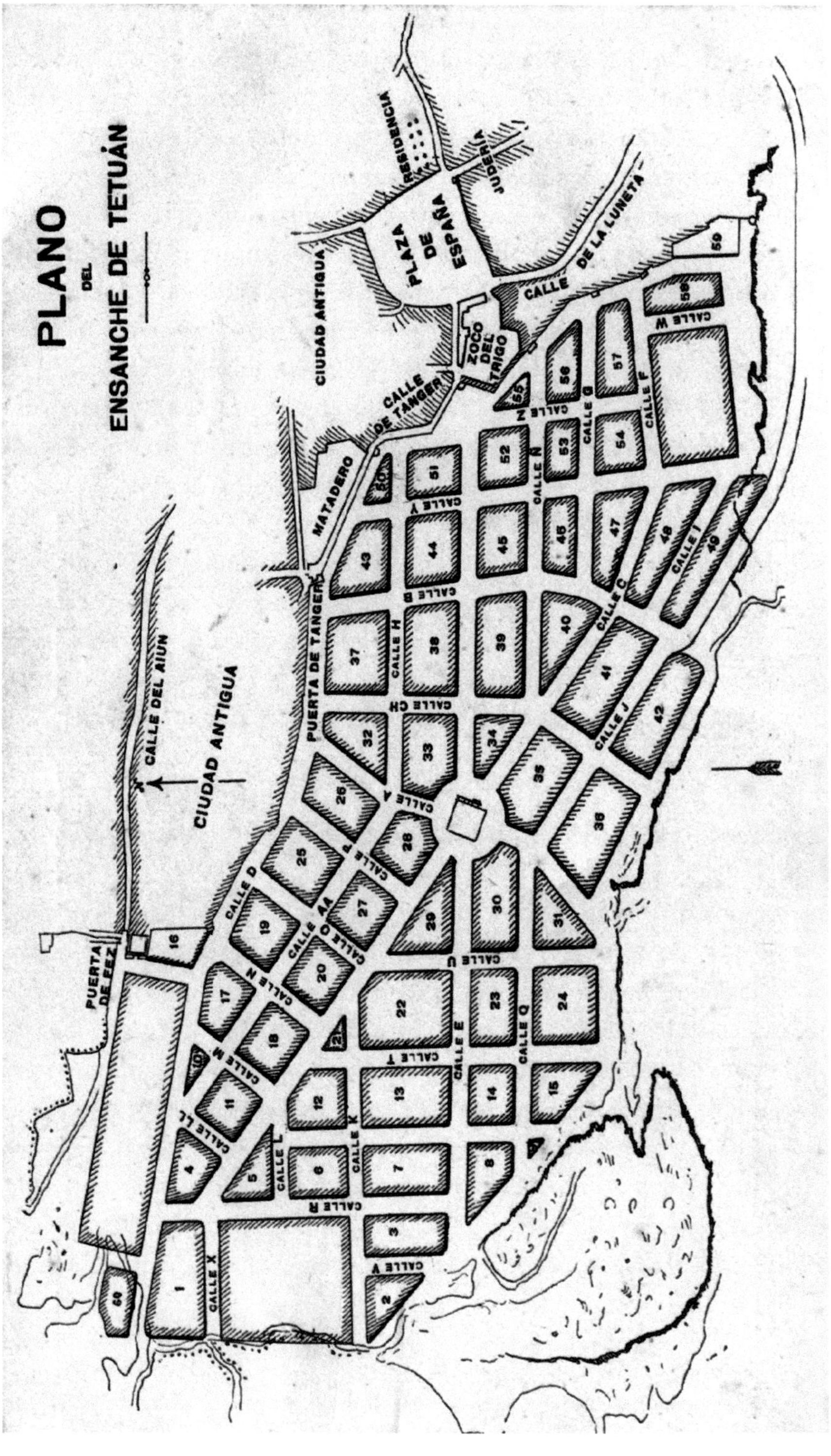

Figura 23 Plano del Ensanche de Tetuán con indicación del nombre primitivo de las calles y con el número de manzanas. Museo Sefardí de Toledo.
Ministerio de Cultura y Deporte

Sociedad y de los que adquiera en el futuro en el Registro de Bienes Inmuebles de la zona del Protectorado (AHPNB. Escritura n.º 61 de 1916, ff. 192-195. Notario: Mariano Ródenas Perona). Hablamos de enero de 1916, a pesar de que el dahir que estableció la puesta en marcha del registro databa de 1 de junio de 1914. Los motivos de esta tardanza podrían basarse en dos aspectos: por un lado, en los posibles interrogantes de los compradores ante la inseguridad jurídica a que podían enfrentarse los propietarios extranjeros ante la complejidad del sistema de propiedad musulmán, que atendía a la ley islámica, al derecho consuetudinario, a las costumbres de origen preislámico y a lo emanado del estatuto internacional de finales del siglo pasado[92]. Por otro, en la propia estrategia de la compañía que esperó hasta encontrar el momento oportuno, conforme a sus intereses empresariales, para reforzar públicamente su presencia en la ciudad, dejando de inscribir sus bienes en el Registro Mercantil de Barcelona y comenzando a hacerlo en el de Tetuán.

Y en conexión con la escritura anterior, como salvaguarda de los posibles conflictos que pudieran originarse con sus bienes inscritos en Marruecos, la Sociedad otorga amplios poderes a procuradores de Madrid y de Barcelona para la defensa de los intereses de la compañía y de sus socios (AHPNB. Escritura n.º 230 de 1916, ff. 773-776. Notario: Mariano Ródenas Perona).

6.2. La Sociedad Oliva y su penetración en Tetuán (1916-1923)

Como hemos visto, Tetuán no era una ciudad desconocida para Feliú, del mismo modo que el empresario catalán tampoco era un personaje ignoto para las autoridades del Protectorado ni para los rectores de la ciudad, caso de la Junta de Servicios Locales. De un modo u otro, desde 1913 estuvo alrededor de cuanto, en cuestión a obras y terrenos, se fue gestando en Tetuán —véase el ejemplo del nuevo matadero— y, por tanto, del desarrollo del «nuevo barrio europeo» que se comenzaba a realizar en la capital del Protectorado.

Pero serán los años 1916-1917 los que marcarán el punto de inflexión de lo que puede considerarse el definitivo aterrizaje de la Sociedad y de su cabeza visible en Tetuán. Cuatro factores propician esta afirmación. En primer lugar, el

---

[92] Respecto a la compleja «conciliación» entre el derecho musulmán y la articulación de un sistema más acorde con los usos, costumbres y quehaceres jurídicos de las potencias colonizadoras, véase Cañabate Pérez 2021.

acuerdo del Consejo de Administración de la compañía, ya comentado, de inscripción de sus bienes, presentes y futuros, en el Registro de Bienes Inmuebles del Protectorado –cumpliendo así la normativa legal emanada en 1914–, hasta ahora inscritos en el Registro Mercantil de Barcelona. La inscripción comenzará a hacerse en el Registro Mercantil de Tetuán, lo que significará que, a partir de su inscripción definitiva, en todas sus actividades mercantiles la sociedad figurará como domiciliada en la ciudad, textualmente como «vecino de Tetuán» (*Boletín oficial de la zona de influencia española en Marruecos*, n.º 6 de 25-3-1917: 8). En segundo lugar, en esta misma línea irá la modificación de los estatutos de la Sociedad que aprobará su Junta General Extraordinaria el 5-11-1916: visibilizar legalmente su presencia en Tetuán. En tercer lugar, la actividad mercantil de la compañía comenzará a alcanzar niveles importantes, especialmente a partir de 1915 y se consolidará a comienzos de la década de los años 20 del siglo pasado, constituyéndose en el principal instrumento mercantil para quienes quisieran acceder a terrenos en el Ensanche, ya fueran particulares, sociedades e instituciones. En cuarto y último lugar, en su deseo de incardinarse cada vez más en la ciudad y siguiendo el mismo procedimiento realizado por otras empresas españolas en Tánger a finales del siglo XIX y comienzos del XX –el cercano, en el tiempo y la distancia, «modelo tangerino», que por otra parte ha sido siempre un modelo universal de penetración económica colonial–, la compañía Oliva a partir de 1917 comenzará a enraizarse fuertemente en la sociedad tetuaní, de modo que su cada vez mayor peso social se convertirá en un instrumento paralelo que favorecerá el desarrollo de sus negocios y aspiraciones empresariales. Ello le reportará una enorme proyección y le abrirá las puertas de todas las instituciones políticas, económicas y sociales no solo de la ciudad, sino también de la zona e incluso en la relación con las instituciones del Estado español, como podrá apreciarse en las actividades de representación que desarrollará Feliú en España. Y, además, le permitirá ejercer un fuerte liderazgo del conjunto de propietarios y promotores urbanísticos de la ciudad, favoreciendo así su relación con la élite hebrea tetuaní, en especial con quien sería el máximo referente de esta comunidad durante el primer tercio del siglo XX en Tetuán: Isaac Toledano Bensauli.

El desarrollo de estos cuatro factores irá de la mano de Esteban Emilio Feliú, quien fortalecerá su presencia y su peso social en la ciudad. Así, en enero de 1917 estrenará su ascendente carrera siendo elegido vicepresidente del Casino Español, bajo la presidencia de Juan Potous (*El Eco de Tetuán*, n.º 1426 de 16-1-1917: 1). Solo una semana más tarde se organizó en la ciudad

la Asociación de Propietarios del Ensanche de Tetuán (*ibid.*: n.º 1432 de 23-1-1917: 1), asociación que se constituyó con la presidencia de Feliú y con una activa participación de propietarios hebreos que contribuyeron enormemente al desarrollo del Ensanche, en especial durante su primera década[93]. En octubre de este mismo año la Asamblea de socios de la Cruz Roja de Tetuán, «con objeto de reorganizar dicha asociación [...], se acordó dar un gran impulso a la sociedad benéfica, procediéndose luego a la elección de la Junta Directiva», resultando elegido presidente Esteban Emilio Feliú y como vicepresidente un recién llegado a la ciudad, el arquitecto José Gutiérrez Lescura (*ibid.*: n.º 1458 de 31-10-1917: 1). Y a principios del nuevo año, 1918, en los salones del Casino Español se procedió a la elección de la nueva Junta Directiva de la Cámara de Comercio de Tetuán, en la que Feliú también resultó elegido presidente (*ibid.*: n.º 1511 de 2-1-1918: 1) y conformando una directiva con tres vocales generales, dos vocales industriales y un vocal agricultor, todo ello con el informe favorable del Alto Comisario General Jordana al Ministerio de Estado (*El Telegrama del Rif*, n.º 10 057 de 8-6-1917: 1). Sobre este aspecto me extenderé un poco más adelante, dada su trascendencia en el futuro personal de Feliú en Tetuán. Igualmente ejerció como vocal de la Junta de Subsistencias de la Zona, gerente de la Compañía Algodonera Hispano Marroquí, presidente de la Agrupación Minera... (*El Noticiero Universal*, n.º 11 423 de 5-10-1921: 7). Por último, Feliú formará parte de la Comisión encargada de levantar un mausoleo en la zona militar del cementerio cristiano de Tetuán, en honor, tras su muerte repentina, del Alto Comisario General Gómez Jordana, que fue uno de sus grandes apoyos en Tetuán.

Todo este amplio conglomerado de presidencias y su participación en instituciones de diverso tipo en la ciudad le van a permitir mantener una relación fluida con las autoridades españolas y musulmanas y con la élite hebrea, ganándose la confianza de las mismas, y convirtiéndose en una de las principales referencias de Tetuán. Ello hará que Feliú y su compañía se sitúen en el punto de mira de los inversores interesados en el Ensanche que acudirán a la Sociedad para la compra de terrenos, la construcción de viviendas o de equipamientos comerciales, como lo demuestra el hecho de que 1917 sería el año que marcaría el punto álgido, a lo largo de toda la existencia de la

---

[93] Acerca de la contribución de la comunidad hebrea al desarrollo del Ensanche, véase «La colaboración de los israelitas en la obra del Protectorado» en *La Gaceta de África*, n.º extraordinario enero 1935: 63.

Figura 24. «Grupo de la Cruz Roja de Tetuán con su presidente, D. ESTEBAN EMILIO FELIU». *El Fígaro* (Madrid), nº 232 de 5-4-1919: 16 (Feliú está en el centro, marcado con una cruz a los pies). Imagen procedente de los fondos de la Biblioteca Nacional de España

compañía en Tetuán, en cuanto a la compra de terrenos realizados: inscribe en el Registro de la Propiedad más de 86 000 m² [94] repartidos en diferentes manzanas del Ensanche oeste. Estas cuestiones comentadas permitirán un claro posicionamiento de la Sociedad y de su máximo representante en Tetuán, liderando buena parte de la actividad empresarial y urbanística de la ciudad, lo que favorecerá el desarrollo constructivo del paradigma de la nueva ciudad: el Ensanche.

Como indiqué con anterioridad, la Presidencia de la Cámara de Comercio de Tetuán[95] requería de alguna explicación complementaria, ya que será el puesto más importante e influyente de Feliú en la ciudad, el que le dará mayor proyección y, a la vez, el que le generará las mayores controversias con otros actores económicos del Protectorado. En su haber, durante el periodo

[94]   Más adelante en el gráfico n.º 2 se pueden apreciar las compras realizadas por la Sociedad Oliva en cada anualidad, entre los años 1916-1924.

[95]   Una síntesis de la labor realizada por la Cámara de Comercio de Tetuán desde su fundación hasta 1924 puede verse en «La ciudades de nuestro Protectorado. TETUÁN. Los intereses marroquíes. La Cámara de Comercio de Tetuán». *La Unión Ilustrada* (Málaga), n.º 755 de 20-4-1924: 12.

de su presidencia, hay que indicar que lideró la embajada de las Cámaras de Comercio de la zona (Ceuta, Melilla, Larache, Alcazarquivir y Arcila) en un viaje a Madrid. El objetivo era mantener una reunión conjunta con entidades y autoridades, caso del ministro de Estado Eduardo Dato, con el objetivo de proponer una serie de medidas conjuntas para la zona:

> [...] tratar sobre las tarifas e itinerarios de la Compañía Transmediterránea, la anulación del impuesto sobre los azúcares que se importan de España y obtener facilidades para la traída de mercancías, sujetas hoy a trabas y el permiso de exportación (*La Vanguardia*, n.º 16 310 de 10-4-1918: 14).

Pero con independencia de estas medidas generales, comunes a toda la zona del Protectorado, Feliú, en nombre de la Cámara de Tetuán, llevó una serie de propuestas específicas para la zona de influencia de la ciudad, de las que previamente había informado al Alto Comisario, entre las que destacaban:

> El emplazamiento de la Aduana en Tetuán para evitar que sea trasladada a los límites de Ceuta del Protectorado, pues perjudicaría notablemente la vida comercial de la zona; procurar por todos los medios la rápida terminación del puerto de Ceuta con todos sus tinglados [sic] y almacenes [...] (*El Eco de Tetuán*, n.º 1582 de 8-4-1918: 1 y *La Vanguardia*, n.º 16 310 de 10-4-1918: 14).

Igualmente, en su haber obró la apertura de las nuevas instalaciones de la Cámara de Comercio de Tetuán, inauguración que se produjo el 27 de junio de 1918 con la presencia de las máximas autoridades civiles y militares, presidiendo el acto el Alto Comisario, General Jordana. Feliú conseguía así una vieja aspiración de la Cámara, que hasta ahora había ido deambulando en su actividad por diferentes locales, como los del Casino Español. De su discurso, patriótico y protocolario, destaco unas palabras sobre uno de los objetivos de la Cámara —vinculado desde 1908 al quehacer de Feliú— y que marcará, solo algunos meses después, su futuro profesional:

> La Cámara tiene el proyecto de establecer Centros de Contratación de mercancías y monedas, o sea, una Bolsa donde se coticen las distintas monedas que circulan en esta zona (*El Eco de Tetuán*, n.º 1641 de 28-6-1918: 1).

ASUNTOS VARIOS DE ACTUALIDAD

Figura 25. Fotografía del banquete final celebrado en Madrid, tras el encuentro de las Cámaras de Comercio del Protectorado español con las autoridades y con otras entidades. *Mundo gráfico*, s/n de 24-4-1918: 14. Foto: Cortés. (Feliú está a la izquierda, marcado con una cruz). Imagen procedente de los fondos de la Biblioteca Nacional de España

Sin embargo, la Cámara se vio inmersa en una serie de disputas en la ciudad que afectaron a las decisiones de Feliú. Así, en agosto, dos meses después de la inauguración de la sede, el decano de la prensa tetuaní abría su edición con la siguiente noticia: «¿Dimisión del Presidente de la Cámara de Comercio?». Indicaba el redactor:

> Sabemos que el señor Feliú, expuso reservadamente a sus compañeros [se trataba de una reunión, tras el verano, de la Mesa de la Cámara y los presidentes y secretarios de sección de la misma] que sería muy posible que su estado de salud (?) [sic] le obligara a dejar su puesto de Presidente, lo cual fue rechazado por sus compañeros quienes le indicaron que solamente le concederían una corta temporada de descanso... Suponemos que el señor Feliú ha desistido de sus propósitos, lo que celebramos (*El Eco de Tetuán*, n.º 1695 de 30-8-18: 1).

Una parte de las razones de su primer amago de dimisión, que se haría efectiva poco tiempo después, podría radicar en el papel activo que comenzó a tener en la zona, y en Tetuán como capital del Protectorado, la Compañía Española de Colonización de la mano de Rafael de Roda Jiménez, quien quiso centrar en su persona las actuaciones de la compañía en el Protectorado de la

época, y con el que, dado el activo protagonismo del personaje[96], Feliú mantendría algunas controversias que podrían estar en el origen del intento de dimisión.

A estas más que probables discrepancias con De Roda, habría que añadir otro aspecto que, a mi juicio, también habría podido afectar en el ánimo de abandono que latía en Feliú: la muerte del Alto Comisario, General Gómez Jordana, acaecida repentinamente en Tetuán en noviembre de 1918. Feliú había sido siempre una persona cercana a Jordana y tenía de él una gran opinión, que había expresado públicamente en la prensa. Así, en 1918, antes de su repentino fallecimiento, indicó:

> Creo que la actual política, aplicada por el general Jordana, es la mejor, puesto que actúa en la gran mayoría de casos como Alto Comisario y no como General en Jefe (*El Eco de Tetuán*, n.º 1608 de 4-5-1918: 1).

En 1921, tres años después de su muerte, señaló: «Hombres en la zona ha habido muchos, pero hombres útiles a España muy pocos. Gómez Jordana ha sido en mi concepto el Alto Comisario mejor» (*El Noticiero Universal*, n.º 11 423 de 5-10-1921: 7)[97]. La pérdida de quien consideraba uno de los soportes de su gestión en la Cámara, con una perspectiva civil de la acción del Protectorado, es posible que también influyera en su decisión final.

La dimisión efectiva de Feliú se produjo a comienzos de abril de 1919. En sesión extraordinaria, la Cámara conoce la decisión de su presidente:

> Haciendo constar que no existía motivo alguno de índole interior de la Cámara que hubiese motivado la decisión. Por razones de carácter particular veíase en la necesidad de hacerlo. Tras la intervención de varios

---

96 De la lectura de las obras escritas por Rafael de Roda y de su forma de dirigir la Compañía Española de Colonización, con actuaciones, algunas de gran importancia para la zona, caso de la línea férrea Ceuta-Tetuán (que estuvo sujeta a fuertes críticas), queda la sensación de que De Roda entendió, a su llegada al Protectorado, que tenía que ser parte esencial de todos los asuntos que se desarrollaran en la zona de influencia española en Marruecos, incluida la relación con la comunidad hebrea, y de modo especial en la ciudad en donde se radicó la Compañía: Tetuán. Su fulgor inicial, manifestado en la concesión de la Gran Cruz de Isabel la Católica (*La Gaceta de Madrid*, n.º 209 de 28-7-1918: 277), comenzó pronto a desvanecerse hasta convertirse en un actor secundario en el Protectorado, siempre de la mano y a la sombra de Tomás García Figueras.

97 En la citada entrevista, realizada tras el desastre de Annual, Feliú indica el camino que debería seguir España, tomando nuevamente como referencia a su admirado Alto Comisario: «Siguiendo el plan de Jordana, plan de protectorado de verdad».

Figura 26. Retrato
de Rafael de Roda.
Revista África nº 88
de abril 1949: 11.
Biblioteca General y
Archivos de Tetuán

asociados mostrando su contrariedad por la decisión tomada, se le propuso que fuera una licencia temporal, cuestión que no fue aceptada pues está decidido a levantar la casa y no siendo Tetuán su residencia habitual entiende que no puede ejercer el cargo de presidente. Un poco más adelante se plantea que la dimisión estuviera motivada por razones no particulares, mostrando entonces Feliú las verdaderas razones y, aunque sin explicitarlas, indicó que él es representante de una sociedad y habiendo sido arrollados los intereses de esta en un asunto de mucha importancia[98], entiende que tiene la obligación de marcharse a la Península, pues

---

[98]   Sin conocer el motivo exacto de sus palabras, que no lo explicita, queda claro que algunos asuntos que afectaron a los intereses de sus compañías habían provocado el descontento de Feliú. Entre ellos, a modo tentativo, pudiera estar la puesta en marcha en 1918, como se expondrá más adelante, de la Compañía Algodonera Hispano-Marroquí, vinculada al grupo empresarial de Feliú, entre cuyos objetivos figuraba la compra de terrenos rústicos de labor para la

no constituye él la garantía que esos intereses necesitan (*El Eco de Tetuán*, n.º 1864 de 2-4-1919: 1).

Un día más tarde, en los salones del hotel Alfonso XIII se le rindió un homenaje de despedida, en el que se le dirigieron palabras de cariño y elogio por su actividad al frente de la Cámara y se expresó la esperanza de que su ausencia no fuera definitiva y «que pronto volverá a estar entre los amigos que le rodeaban». Se leyó una carta del ausente Isaac Toledano, factótum de cuanto se realizaba en la ciudad, «adhiriéndose al acto y expresando en frases muy sentidas el afecto por el festejado». La noticia terminaba señalando que el acto «ha sido una demostración más de los sinceros sentimientos de amistad que deja entre nosotros el señor Feliú y del pesar que produce su ausencia». Un poco más adelante, el mismo medio certificaba su partida de la ciudad:

> Hoy en el correo, marchó el señor Feliú a Ceuta para embarcar allí con dirección a Barcelona, donde radicará. En la estación le despidieron todos sus amigos y la mayoría de los comerciantes e industriales de Tetuán, que le rindieron un nuevo homenaje de amistad, de gratitud y de cariño, acompañándole algunos hasta Ceuta (*El Eco de Tetuán*, n.º 1865 de 3-4-1919: 1).

El peso social que tuvo Feliú en Tetuán se puso de manifiesto con el recuerdo que quiso brindarle la ciudad rotulando con su nombre una calle del Ensanche, «Pasaje Feliú», a la que posteriormente haré mención. La calle permaneció con su nombre hasta 1936.

---

plantación de algodón en la zona, cuestión que entraba en colisión con los intereses y actividades de la Compañía Española de Colonización que regía De Roda. De igual modo la falta de ayudas de esta Compañía a la establecida por Feliú. Pero todo queda en una posible hipótesis.

La actividad mercantil de la Sociedad Oliva: compra y venta de terrenos en el Ensanche (1913-1924)

7.1. La compra de terrenos por la Sociedad Oliva en el Ensanche de Tetuán (1913-1924)

A la hora de abordar la compra de terrenos en Tetuán por parte de la Sociedad Oliva hay que diferenciar dos etapas: la primera se corresponde con las compras iniciales que efectuó Pedro Oliva a nativos musulmanes en sus primeros años de estancia en la ciudad, 1912-1913. Estas compras, realizadas ante adules y posteriormente legalizadas ante el cadí, pueden documentarse, como se ha indicado, a partir de posteriores escrituras de venta, cuando la Sociedad aporta la documentación de propiedad de los terrenos a vender. Por esta razón no podemos conocer con exactitud la superficie comprada ni el precio pagado. No obstante, los metros totales comprados debieron de ser importantes, toda vez que la compañía, entre 1914 y 1915, se centra en la venta de esos terrenos una vez fueron parcelados los mismos en solares y manzanas en el plano del Ensanche. En ese sentido, solo en 1915 he podido documentar hasta 14 escrituras de venta de solares en el Ensanche procedentes de las compras realizadas por Pedro Oliva a nativos entre 1912 y 1913. El total de metros cuadrados vendidos en estas operaciones parcelarias fue de 4800[99].

A partir de 1916, una vez tomado el acuerdo de inscripción de las compras de la compañía en el Registro de Bienes Inmuebles de la zona del Protectorado, el seguimiento que he realizado de las mismas ha sido a través de las publicaciones del Registro de la Propiedad[100]. En este año, la Sociedad Oliva retoma

---

[99]   Véase AHPNM. CT., año 1915.
[100]   Incido una vez más en que la imposibilidad de acceder a las fuentes documentales de los archivos de Tetuán, en este caso con los registros de la propiedad e industrial, impiden un desglose más preciso y certero de estas actividades mercantiles de compra y venta de terrenos en el Ensanche.

las compras de terrenos. Así, a partir del mes de mayo, fecha en que realiza la primera adquisición que consta en el *Boletín Oficial* de la zona, se contabilizan en lo que resta de 1916 casi 5000 m² comprados en terrenos colindantes al Ensanche, siendo además la Sociedad Oliva la única persona física o jurídica que figura como compradora de terrenos en los edictos publicados por el Registro de la Propiedad de ese año. El año siguiente, 1917, marcará el pico de las actividades mercantiles de compra de terrenos que la compañía desarrollará a lo largo de su existencia en Tetuán.

El propio Feliú, en la entrevista que le realizó el diario *El Mundo* siendo presidente de la Cámara de Comercio, remarcaba con claridad la capacidad monopolística que ejercía en esos momentos su compañía en los terrenos del Ensanche, al señalar que comenzaron con los primeros terrenos que compró Pedro Oliva y «teniendo en la actualidad unos doscientos mil metros, que supone el 80 por 100 del total del ensanche» (*El Mundo*, n.º 3529 de 12-9-1917: 3).

Para financiar la compra de esta ingente cantidad de terrenos, la Sociedad contaba con su capital social, 500 000 pesetas, y con una parte de las cantidades generadas en las ventas, una vez que anualmente se procedía al reparto de beneficios entre los directivos y accionistas, tal como disponían los estatutos en su artículo 28[101]. Desde su constitución hasta su disolución la Sociedad Oliva nunca realizó una ampliación de su capital social. ¿Cómo financiar entonces este gran volumen de compras que se realizaría entre 1916 y 1924? La solución radicó en establecer un mecanismo financiero a través de otras sociedades de las que Feliú también formaba parte, un procedimiento, que como veremos en los apartados 9 y 10, en el que era un consumado especialista. Así lo indicaba, en la entrevista anteriormente citada, el propio Feliú sin el menor azoro:

> El capital inicial fue de quinientas mil pesetas, que ha sido aumentado considerablemente, en forma de préstamo comercial aportado por clientes de la Casa «Feliú y Gauna», de Barcelona, de cuya entidad es socio colectivo y gerente el propio Sr. Feliú[102].

---

101 El procedimiento de reparto de beneficios se arbitraba de la siguiente forma: el 5% para la gerencia; el 5% a partes iguales para los miembros del Consejo de Administración y el tanto por ciento que la Junta haya señalado para los accionistas. Por último, se establecía por la Junta un porcentaje para formar el fondo de reserva de la Sociedad (AHPNB. Escritura n.º 167 de 3-4-1913, f. 449 reverso. Notario: Mariano Ródenas Perona).

102 Como indiqué en la nota n.º 42, en 1908 Feliú formó con Servando Gauna la sociedad, Esteban E. Feliú, Sociedad en Comandita. Según la revista quincenal *El Financiero hispano-americano*, algo más tarde, constituyeron ante el notario Juan Soler i Vilarasau, la sociedad

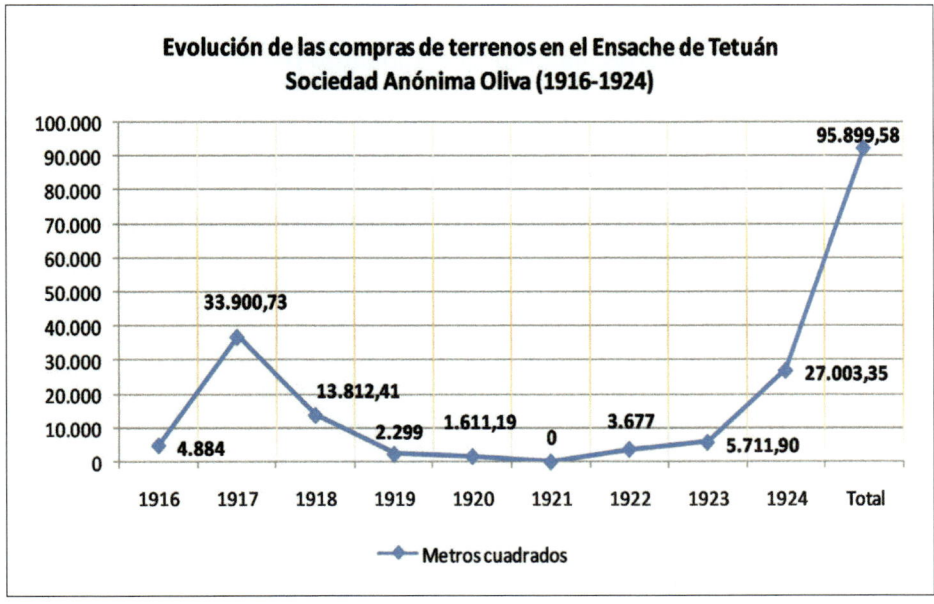

Figura 27. Elaboración propia, a partir de los datos del Registro de la Propiedad. *Boletín oficial de la zona de influencia española en Marruecos y del Boletín del Protectorado español en Marruecos*, años 1916 a 1924

Un resumen de las operaciones mercantiles de compra de terrenos realizadas en el Ensanche oeste de Tetuán por la Sociedad Oliva entre mayo de 1916 y 1924, atendiendo a los datos publicados en el *Boletín Oficial* en los edictos del Registro de la Propiedad de Tetuán, podemos observarlo en el gráfico anterior donde se reflejan los metros cuadrados comprados en cada anualidad (fig. 27).

Eso significaría que, atendiendo a los edictos del Registro de la Propiedad, la cantidad total de metros comprados en el Ensanche entre 1916-1924 por propietarios privados, corporaciones industriales —caso de la Compañía Española de Colonización, Electras Marroquí S.A. o del Banco de Marruecos—, empresas —caso de la Beniatar y Cia., la Empresa Teatro Español o la propia Sociedad Oliva— fue de 177 952,413 m². De ellos, la Sociedad Oliva compró, al menos, 95 899,58 m². A ellos tendríamos que añadir las compras realizadas a

---

Feliú y Gauna, a la que se hace referencia en la entrevista (*El Financiero hispano-americano*, n.º 426 de 28-5-1909:11). Igualmente, Feliú participó en la sociedad Trillo, Galiana y Del Valle, Sociedad en Comandita, constituida en Barcelona en 1914 ante el notario Luis Rufasta Banus (AHPNB. Escritura n.º 703 de 1914). Los tres, Feliú, Gauna y Trillo formaron parte del Consejo de Administración de la Sociedad Oliva a lo largo de su existencia. Esta condición de accionistas en unas y otras sociedades que se financiaban entre sí, aseguraba para los encartados posibilidades de beneficios en todas las compañías.

lo largo de 1914-1915, con lo que sumarían un total estimado y documentado de 100 664,5 m² comprados, es decir que a lo largo del periodo analizado la compañía de Feliú realizó el 56,75% del total de operaciones de compras de terrenos, lo que representa que más de la mitad de los solares comprados en el Ensanche fueron adquiridos por el empresario catalán y sus socios[103].

Con el transcurso del tiempo, la acumulación de terrenos por parte de la Sociedad (que lógicamente fue disminuyendo con el paso de los años, salvo en 1924, ya que conforme crecía la actividad constructora aumentaban las ventas y decrecían los solares vacíos), puso a la compañía Oliva en una situación de preeminencia sobre el conjunto de terrenos urbanos en que se estaba levantando el «nuevo barrio europeo» de Tetuán.

7.2. La venta de terrenos por la Sociedad Oliva en el Ensanche de Tetuán (1914-1923)

En lo referente a las ventas de terrenos llevadas a cabo por la Sociedad Oliva voy a basarme en las escrituras notariales realizadas ante los diferentes cónsules de Tetuán durante el periodo estudiado.

La Sociedad Oliva realiza en estos años un total de 51 operaciones de venta de solares en el Ensanche de Tetuán[104], con una superficie total vendida de 26 616,75 m² y por un importe total de 784 790 pesetas[105]. Los mayores picos de ventas se producen en el año 1915, en el que la Sociedad da salida a los terrenos que fueron comprados en los primeros años de estancia de Pedro Oliva de Tetuán, y en 1921, año en el que la compañía vende los terrenos adquiridos a partir de 1917 (fig. 28).

Si en el primero de estos periodos reseñados en el párrafo anterior, 1915, la mitad de las compras efectuadas por la Sociedad Oliva fueron realizadas a hebreos, a partir de 1920 serán ya, abrumadoramente, los españoles los compradores de los terrenos (fig. 29).

Del más del medio centenar de operaciones de venta llevadas a cabo en este periodo, la más importante en cuanto a superficie e importe, fue la que

---

103 Como puede apreciarse, el total de m² comprados atendiendo a los edictos publicados por el Registro de la Propiedad de Tetuán difiere sensiblemente del indicado por Feliú en la entrevista publicada por *El Mundo* en 1917.

104 Véase al respecto, AHPNM. CT., 1903-1918 y AGPNM. CT., 1919-1923 primer semestre.

105 Las ventas se realizaron generalmente en moneda española y no en moneda hasaní.

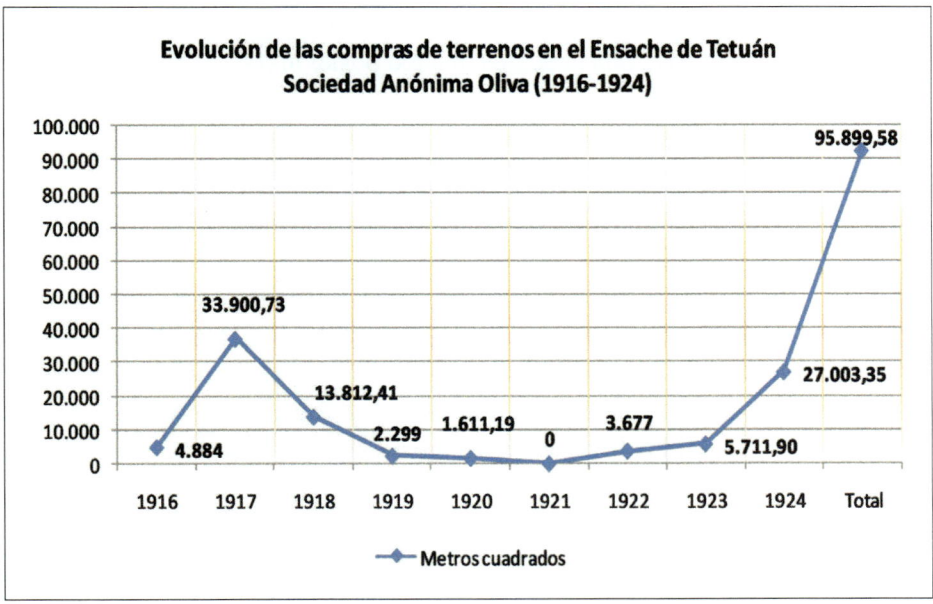

Figura 28. Elaboración propia, a partir de los datos de las escrituras notariales de venta. AHPNM. CT, 1903-1918 y AGPNM. CT, 1919-1923 primer semestre

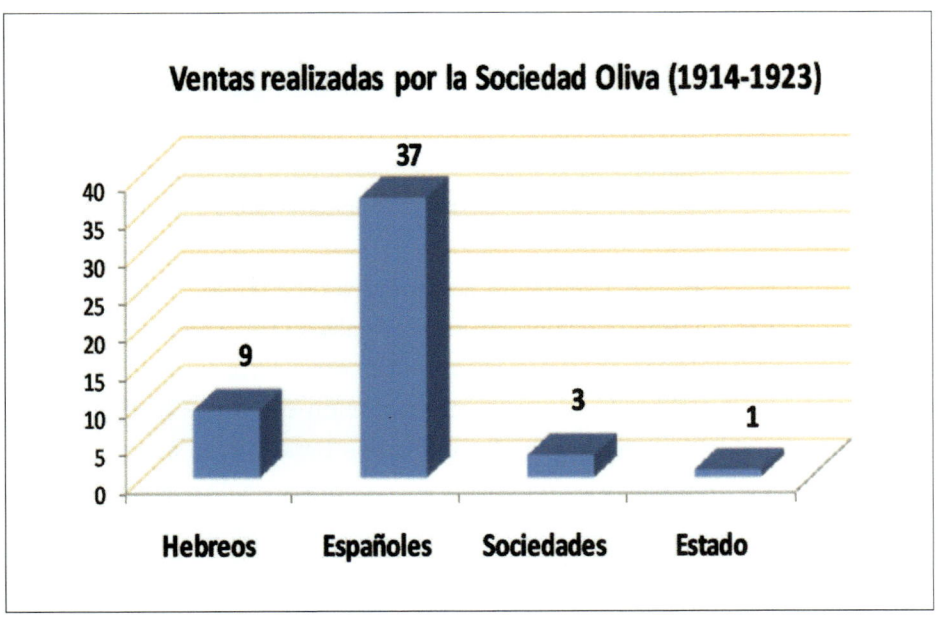

Figura 29. Elaboración propia, a partir de los datos de las escrituras notariales de venta sectorizadas. AHPNM. CT, 1903-1918 y AGPNM. CT, 1919-1923 primer semestre

realizó al Estado español para el emplazamiento de la Iglesia y la Misión católica en el Ensanche, en el que la Sociedad supo posicionarse en el concurso público convocado para no tener competidores.

Así, el *Boletín Oficial del Protectorado español en Marruecos*, a través de la Delegación para el fomento de los intereses materiales, convocaba un concurso, fechado el 28 de julio de 1920, en el que se indicaba:

> Necesitándose un terreno en el Ensanche Oeste de Tetuán para emplazamiento de la Iglesia Católica, Residencia Episcopal, Misión y Escuelas de la misma, se anuncia el presente Concurso entre propietarios de terrenos del referido Ensanche... El solar deberá ser de superficie de cuatro mil metros cuadrados... La adjudicación provisional se hará a favor de la proposición más favorable para los intereses del Estado, haciendo presente que existe un ofrecimiento hecho por la Sociedad Oliva de ceder gratuitamente el terreno ocupado por la Iglesia, por cuyo motivo se concede a dicha Sociedad el derecho de tanteo en este Concurso (*Boletín Oficial del Protectorado español en Marruecos*, n.º 19 de 10-10-1920: 762).

La resolución del concurso no apareció publicada en el *Boletín Oficial*. Fue la prensa la encargada de dar a conocer el resultado:

> Adjudicación. Asegurase que ha sido adjudicada á la Sociedad Anónima «Oliva, Ensanche de Tetuán», la venta de los terrenos en que se ha de construir la nueva iglesia y Misión católica de Tetuán, cuyo concurso se celebró recientemente (*El Telegrama del Rif*, n.º 7279 de 10 de febrero de 1921: 1) .

Efectivamente así fue. Con fecha 20 de mayo de 1921 se procede ante el cónsul de Tetuán en funciones notariales a la venta de los terrenos en los que se emplazarían la Iglesia y la Misión católica. La escritura la formalizaron José María Pérez de Petnito y Lauda, en representación del Alto Comisario, que a su vez había sido designado por el ministro de Estado para actuar en esta operación en nombre del Estado español (la compra la realizó el Estado y no la Iglesia), y Marcelino Cía González, en representación de la Sociedad Oliva. La Sociedad mantuvo el ofrecimiento de ceder la superficie necesaria para la construcción del templo, conforme a lo indicado en la condición 4.ª del concurso, por lo que la operación se cerró con la venta de los 4000 m² solicitados, en este caso en la manzana n.º 30 del Ensanche, de los cuales la Sociedad cedió gratuitamente 900, por lo que solo cobró por los 3100 m² restantes, a razón

Figura 30. «Edificio de la nueva iglesia de Tetuán». *Revista Hispano africana*, nº 20 de 8-1926: 27. Imagen procedente de los fondos de la Biblioteca Nacional de España

de 25 pesetas/m². El montante total de la operación ascendió a 77 500 pesetas (AGPNM. CT. Tomo 11, Protocolo n.º 84 de 20-5-1921, ff. 258-267)[106].

Y quisiera destacar por su significación otras dos operaciones de venta, una realizada en 1917 y la otra en 1922. En ambas, en lugar de realizar ventas de solares concretos, que era la actuación más común, se transfirió el dominio completo de la manzana, en concreto de las manzanas 28 y 29 (AHPNM. CT. Protocolo n.º 73 de 1917 y AGPNM. CT. Protocolo n.º 313 de 1922)[107]. Estas actuaciones ponen de manifiesto que los terrenos del Ensanche se convirtieron en objeto de permanente y continua especulación: los compradores adquirían para revender, en algunos casos de forma inmediata[108], obteniendo jugosas plusvalías. Y ello afectaba también a solares específicos y a viviendas ya construidas. Este tipo de actuaciones se convirtió en moneda común, utilizándose con mucha frecuencia, en especial entre los hebreos, las delegaciones notariales de poderes de personas foráneas para la realización de compras, ya fuera en Tetuán o en otras ciudades.

A pesar de la supremacía expuesta de la Sociedad Oliva sobre la propiedad de los terrenos del Ensanche hubo otros agentes promotores de compra y venta de terrenos, que actuaban de manera individual o societaria[109], ya que españoles, hebreos y musulmanes actuaron también de manera activa en la compra-venta de terrenos en el Ensanche. Un ejemplo de ello es el anuncio publicitario que aparecía a diario en la prensa tetuaní (fig. 31).

---

106 Emilio Feliú Paules, hijo de Esteban Feliú, me indicó, en una conversión mantenida con él, que en el interior de la iglesia se colocó una placa de agradecimiento a su padre por la cesión de los terrenos para la construcción del templo. En la actualidad la placa ya no existe.

107 En estos dos casos el comprador fue José María Escriñá González, de profesión «contratista de obras públicas» (personaje al que hice referencia anteriormente con la construcción de la carretera Martil-Tetuán), que también compraría solares sueltos en el Ensanche.

108 Por ejemplo, Juan Molina compró con fecha 4-7-1916 el solar letra «b» de la manzana 47 a la Sociedad Oliva y solo veintisiete días después se lo revendió a los hebreos Moisés Sananes y Moisés Wahnon Wahnon (AHPNTM. CT. Protocolo n.º 99 de 1916). Estos casos de reventas se repiten a lo largo del periodo estudiado.

109 Quizás la más significativa de estas sociedades fue, la ya referenciada, Empresa de Urbanización en Tetuán, constituida en 1912 y que continuó operando en el Ensanche durante más de una década, destacando por sus ventas a la comunidad hebrea, caso de las realizadas a Jacob Garzón, León S. Sananes, Nissin Benacerraf o Salomón Benalal Benarroch. No obstante, el volumen de sus actividades mercantiles fue sensiblemente menor en comparación con el de la Sociedad Oliva (el capital fundacional de la Empresa de Urbanización fue de 58 000 ptas., mientras que el de la Sociedad Oliva fue de 500 000 ptas.). La Sociedad de Eduardo Salinas vendió alrededor de 4000 m² durante el periodo estudiado (en algunas operaciones escrituradas se fijaba el precio, pero no aparecía la superficie) por un importe superior a las 170 000 pesetas. Véanse, AHPNM. CT. 1903-1918 y AGPNM. CT. 1919-1923 primer semestre.

ELIAS M. BENATAR

— = —

Compra venta de fincas urbanas.

Figura 31. Anuncio en prensa. *El Eco de Tetuán*, nº 1.330 de 23-9-1916: 3. Biblioteca General y Archivos de Tetuán

La ingente actividad mercantil de compra y venta de terrenos propiciará múltiples operaciones, realizadas, muchas de ellas, a plazos y con apoyo financiero de entidades bancarias y de prestamistas. Ello hará que se multipliquen los impagos y con ellos los requerimientos a los morosos a través de los cónsules en funciones notariales, ante los continuos protestos que presentaban las entidades bancarias y los prestamistas. A partir de 1916-1917 los protocolos por impago coparán una buena parte de las escrituras realizadas por los cónsules en la ciudad, como se aprecia en la figura 32.

En virtud de esta generalización de la mercantilización del Ensanche, que fue de uso común por las tres comunidades que formaban parte de la ciudad, se podría afirmar que uno de los mayores «logros» de Feliú y de la Sociedad Oliva durante esta década, a la vista del modelo de desarrollo que estaba teniendo el Ensanche, fue trasvasar su filosofía de actuación (primacía de la iniciativa privada orientada a la obtención del máximo beneficio de los terrenos a través de la especulación), al conjunto de promotores y propietarios del Ensanche. Para ello resultó fundamental la articulación del proceso que terminó en la constitución de la Asociación de Propietarios del Ensanche de Tetuán, con Esteban Feliú de presidente, que agrupó a todos los sectores de la ciudad: el Ensanche, la calle Luneta y los propietarios de la Morería o medina. El sentido corporativo primó en la constitución de la Asociación, creada para el «fomento y defensa de los intereses generales de la propiedad urbana y también, en lo menester, la protección y defensa de los intereses particulares de los asociados» (*El Eco de Tetuán*, n.º 1681 de 14-8-1918: 3) y, de esta forma, poner fin a:

> los perjuicios que actualmente se les causa con la distribución del Impuesto Urbano, que carga casi la totalidad del contingente sobre los inmuebles enclavados en la Judería y en el Ensanche a través de la puesta en marcha de una poderosa Sociedad, no solicitadora de favores, sino garantía de estricto cumplimiento del derecho (*ibid*.: n.º 1675 de 7-8-1918: 1).

Figura 32. Cheque del Banco de Estado de Marruecos, agencia de Tetuán, recibido del cónsul de Tetuán por cuenta del pago de una letra llevada al consulado por impago. AHPNM. CT. Protocolo n° 116 de 1917

En la práctica, Feliú logró constituir una especie de Cámara de la Propiedad Urbana, que ese era uno de sus objetivos, como salvaguarda colectiva de los intereses de promotores y propietarios y, también, de su propia filosofía de actuación urbanística en el Ensanche: la primacía de la iniciativa privada.

Este liderazgo empresarial de Feliú en los primeros años de vida del Ensanche de Tetuán afectó a la filosofía urbanística y al tipo de praxis empresarial capitalista, sustentada en la especulación, implícita en la actividad económica que se desarrolló en el Ensanche y que, como acabamos de ver, supo transmitir a otros propietarios y promotores. Pero intentó ir más allá. Quiso convertirse en una especie de «faro ideológico» que diera luz al quehacer de la acción española en Marruecos en materia empresarial. Para ello, desde muy temprano comenzó a formular propuestas de actuación alternativas, ante lo que consideraba la falta de consistencia de la administración española para articular adecuadamente el Protectorado. Ello le originó, como ya he dicho, desavenencias con otros actores políticos y económicos de la zona española, salvo con el General Jornada, que motivarían su salida de Tetuán. El papel del catalanismo conservador, crítico y regenerador y, a la vez, colaboracionista, influyó en el pensamiento de Feliú y se verá reflejado no solo en las críticas que expresa sobre la actuación comercial y política española[110], sino que, siendo presidente

---

110 Estas críticas, que encontraremos de nuevo en el apartado n.º 10, volverá a reiterarlas cuatro años más tarde, una vez había afincado en Barcelona, en una entrevista concedida a *El Noticiero Universal*.

de la Cámara de Comercio, propondría una especie de decálogo de siete puntos en el que, sintética y claramente, expuso su punto de vista acerca de cuáles deberían ser las prioridades de actuación de las autoridades españolas en el Protectorado de Marruecos:

> Primero: Que al Comercio, Agricultura é Industria debe el Gobierno conceder primordial atención, debiendo orientarse el presupuesto de la zona en tal sentido. Segundo: Que se debe seguir una amplia política autónoma, dando al alto comisario amplias facultades para resolver «incontinenti» toda clase de asuntos, desterrando el tradicional expedienteo cortesano. Tercero: Facilitar los proyectos de obras públicas, sin trámites dilatorios que castran provechosas iniciativas. Cuarto: Selección en los funcionarios que á Marruecos se destinen, haciéndose una plantilla de conocedores en asuntos africanistas para que mejor coadyuven á la gestión de la Alta Comisaria. Quinto: Que se den disposiciones encaminadas siempre á españolizar en lo posible al elemento indígena, creando escuelas primarias y de artes y oficios. Sexto: Que puesto que los hebreos hablan el español y el árabe, valerse de ellos como atracción cariñosa, como intermediarios cerca del musulmán, en las relaciones comerciales y políticas. Y séptimo: Se debe facilitar á los españoles terrenos, previas estipuladas condiciones, y que después de un número limitado de años pasasen á ser propiedad de los mismos, con lo cual el terreno patrio se ensancharía, puesto que se fomentaría sólidamente el amor al terruño, consolidando nuestra permanencia posesoria (*El Mundo*, n.º 3529 de 12-9-1917: 3).

El papel cada vez más influyente que Feliú fue alcanzando en la capital del Protectorado, quedó reflejado en el epílogo con el que el periodista cerraba la entrevista: «He aquí un catalán, español á machamartillo, que demuestra su patriotismo en palabras, y en hechos. Muchos imitadores del Sr. Feliú es lo que hacen falta á España» (*ibid.*).

8

La salida de Feliú de Tetuán (1919) y la continuidad de la Sociedad Oliva hasta su disolución en 1924

La marcha de Esteban Emilio Feliú de Tetuán, como hemos podido apreciar, no tuvo ningún reflejo en las actividades mercantiles de la Sociedad, ya que la compañía continuó operando en la compra y venta de terrenos en el Ensanche. En este sentido, la labor realizada por el representante de la Sociedad en Tetuán, Marcelino Cía González, fue fundamental hasta la disolución de la compañía en 1924 y su posterior proceso de liquidación.

Pero la vinculación de Esteban Feliú con la zona va a perdurar. Aunque fue despedido con entusiasmo en la estación de Tetuán y en el puerto de Ceuta cuando abandonó la zona en 1919, en lo que parecía una despedida definitiva tras dimitir de la presidencia de la Cámara de Comercio, nunca llegó a marcharse del todo del norte de África. Su continuidad en el Consejo de Administración de la Sociedad y en otras constituidas con una parte de los accionistas de la compañía Oliva, le obligaba a seguir conectado con la zona. Así, están documentadas sus idas y venidas puntuales a Tetuán (*El Eco de Tetuán* n.º 3113 de 4-6-1923: 3), su residencia temporal en Tánger y, sobre todo, su presencia ante el cónsul de España en Tetuán para formalizar contratos de venta de terrenos de algunas de sus sociedades hasta la década de los años cuarenta del siglo pasado. Esta permanencia, tuvo mucho que ver con el proceso de disolución de la Sociedad Oliva recogido en sus Estatutos. Como ya se indicó, la compañía, creada el 3 de abril de 1913, establecía en el artículo 31 que su duración sería de diez años, debiendo disolverse, por tanto, el 3 de abril de 1923. Si no fuera así, su vida se prorrogaría indefinidamente hasta tanto no decidiera lo contrario una Junta General Extraordinaria de accionistas.

Desde su constitución en 1913, la Junta General Extraordinaria procedió en dos ocasiones a modificar los estatutos de la Sociedad. La primera en noviembre de 1916. El cambio, ya comentado, estuvo en línea con el objetivo de penetración en la ciudad, de modo que el domicilio social pasó de Barcelona a Tetuán, las convocatorias de los órganos directivos podían celebrarse ahora

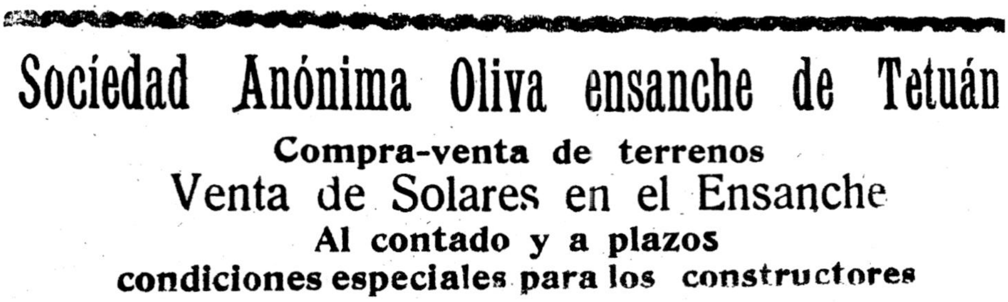

Sociedad Anónima Oliva ensanche de Tetuán
Compra-venta de terrenos
Venta de Solares en el Ensanche
Al contado y a plazos
condiciones especiales para los constructores

Figura 33. Los anuncios en prensa fueron una constante de la Sociedad Oliva Ensanche de Tetuán prácticamente desde 1915. *El Eco de Tetuán*, nº 1.374 de 10-7-1917: 4. Biblioteca General y Archivos de Tetuán

en Tetuán o en Barcelona y se harían a través de anuncios en el *Boletín Oficial de la Zona de Influencia española en Marruecos* y en cualquiera de los diarios de avisos de Tetuán y Barcelona (AHPNB. Escritura n.º 988 de 1916. Notario: Juan Francisco Sánchez García). La segunda, realizada a propuesta de Feliú (según consta en las actas) en febrero de 1923, tiene un carácter más técnico y de algún modo facilitará el terreno para las actuaciones de la compañía una vez disuelta. Así, se reduce el número de miembros del Consejo de Administración, aumenta sus competencias, añadiendo ahora el nombramiento directo del administrador, al que se le podrá delegar la firma social de la compañía y, por último, se aprueba la posibilidad de reservar un porcentaje de los beneficios «para formar fondos de reserva voluntaria o de previsiones» (AGPNM. CT. Protocolo n.º 56 de 12-2-1923, ff. 119-128). Esta segunda modificación venía a reforzar el poder en un núcleo reducido de accionistas, ratificando la confianza que tenían en Marcelino Cía, a la vez que se dejaba claro que la vida de la Sociedad no sería prorrogada.

La Sociedad siguió, *grosso modo*, lo previsto en sus Estatutos (el artículo 31, referido a la disolución, nunca fue modificado) y el día 25 de marzo de 1923, el Consejo de Administración acuerda su disolución, pendiente de la convocatoria de una Junta General Extraordinaria. Ésta se celebra el 27 de abril de 1924 en la calle Monturiol n.º 11 de Figueras (Gerona) (*Boletín Oficial del Protectorado español en Marruecos*, n.º 7 de 10-4-1924: 234), en la que se ratifica el acuerdo de disolución y se nombran a sus liquidadores: el gerente y miembros del Consejo de Administración[111]. Feliú asume la dirección de la liquidación de la Sociedad,

---

[111] Véanse al respecto: *Boletín oficial del Protectorado español en Marruecos*, números 9 y 10 de mayo de 1924 y n.º 13 de julio de 1924.

lo cual le obligará a viajar en más de una ocasión a la zona norte de Marruecos, a la vez que le permitirá seguir operando con los activos que aún mantenía la compañía, como lo pone de manifiesto que, entre mayo y julio de 1924, es decir, tras el acuerdo de disolución, la Sociedad Oliva realiza hasta siete operaciones de compra de terrenos en el Ensanche con casi 9000 m² de superficie. Este proceder muestra la que será una de las constantes, a partir de este momento, en las sociedades regidas por Feliú: acordar la disolución, pero continuar *sine die* con el proceso de liquidación, lo cual le va a permitir transferir los bienes de la Sociedad (vender), pero también, cuando lo considerara oportuno para sus intereses, acometer la compra de nuevos bienes.

Y para armonizar económicamente los procesos liquidatarios, Feliú y sus socios van a instrumentar un mecanismo que les permitirá «sanear» el balance de sus compañías en liquidación: la creación de otras nuevas sociedades «inmaculadas», a las que irán vendiendo o trasvasando los bienes o activos.

9

Otras sociedades, del mismo grupo empresarial, toman el relevo de la Sociedad Oliva y amplían el abanico de los negocios (1918-1936)

Al no ser aún públicas las escrituras de disolución, no es posible conocer el balance de liquidación que se hizo de la compañía Oliva. No obstante, al observar la documentación visible en los archivos, caso de la modificación estatutaria realizada solo un mes antes de su disolución, es seguro que Feliú y sus compañeros del Consejo de Administración planificaron de antemano la disolución de la Sociedad Oliva[112] de modo que ello no supusiera, en ningún caso, alejarse empresarialmente del escenario de la compra y venta de terrenos en el Ensanche y, por tanto, la continuidad de sus negocios en Tetuán.

Aunque la disolución de la compañía Oliva se produjo en 1924, la inscripción de la misma en el Registro Mercantil de Tetuán no se realizó hasta 1943[113]. No obstante, el andamiaje de nuevas sociedades, con rectores vinculados a Feliú, aparecerá unos años antes del acuerdo de disolución. Estas nuevas sociedades comparten con la compañía Oliva su origen, Barcelona; la tipología social y empresarial de sus socios, el sector comercial y financiero; el mismo domicilio social y el mismo lugar de reunión para sus consejos de administración y juntas generales; el entramado familiar (entre sus socios y rectores hay hermanos, primos, cuñados...), característica siempre presente en la conformación societaria catalanista, y, por último, participan de una misma operativa en sus actuaciones, como tendremos oportunidad de comprobar. En definitiva, nos encontramos ante un conjunto societario conformado por un mismo grupo empresarial que va a ir entrecruzando actuaciones y trasvases

---

[112] Vuelvo a insistir en que sin conocer el balance de liquidación de la compañía Oliva, es difícil conocer las razones que tuvieron sus rectores para optar por la disolución (cuando la Sociedad podía legalmente haber continuado activa) y por la creación de nuevas sociedades que la sustituyeran.

[113] Véase *Anuario estadístico: zona de protectorado y de los territorios de soberanía de España en el Norte de África*, 1944: 161.

de activos entre las diferentes sociedades bajo su dependencia y que, en buena medida, continuará dominando el mercado del suelo urbano de Tetuán hasta finales de la década de los años 20 del siglo pasado.

A la hora de enumerar a estas sociedades voy a seguir un orden cronológico en función de la fecha de constitución de las mismas, hasta llegar al momento, coincidente en uno de los casos con la disolución de la compañía Oliva, en que emergen una nueva sociedad que nacerá con el objetivo de tomarle el relevo en la compra y venta de terrenos en el Ensanche.

9.1. Compañía Algodonera Hispano Marroquí S.A. (1918)

La primera de ellas, la Compañía Algodonera Hispano Marroquí[114] se constituye en Tetuán, ante el cónsul en funciones notariales, el 18 de febrero de 1918 siendo sus socios constituyentes Esteban Feliú y Luis Gonzaga Olivella Arenas[115], comerciante vinculado al Centro Algodonero de Barcelona[116]. Los dos socios formarán parte del Consejo de Administración, el primero como gerente y Olivella como secretario, si bien a partir de 1920 asumiría la gerencia.

La compañía establece su sede en Tetuán y su objeto social era «la explotación de toda clase de productos agrícolas, especialmente del algodón, así como los negocios que estime beneficioso para la Compañía el Consejo de Administración» (art. 1). Como se aprecia, su objeto social queda lo suficientemente abierto como para que la compañía pudiera acometer en el futuro los negocios, compra y venta de terrenos incluidos, que estimara convenientes para sus intereses.

Su capital social inicial fue de diez mil pesetas, pero muy pronto la Junta General Extraordinaria aprueba una ampliación a un millón de pesetas (*Gran Vida*, n.º 182 de 1-8-1918: 31 y *Boletín Oficial de la zona de influencia española en Marruecos*, n.º 18 de 28-9-1918: 759), planteando dos años más tarde una nueva ampliación de capital (*La Acción*, n.º 1495 de 24-4-1920: 5).

La compañía en sus inicios comienza sus actividades centradas en los productos agrícolas, especialmente en el algodón. Así queda de manifiesto

---

[114] Toda la información referente a la constitución de esta sociedad y a los estatutos de la misma en AHPNM. CT. Protocolo n.º 26 de 1918, ff. 87-97.

[115] Véase Anexo biográfico.

[116] Acerca del origen y funciones del Centro Algodonero de Barcelona véase: «De la 'Confraria de Cotoners' al Comité Oficial Algodonero», *El Fígaro*, n.º 65 de 18-10-1918: 8.

COMPAÑÍA ALGODONERA HISPANO-MARROQUÍ
(S. A.)

El Consejo de Administración de esta Compañía, de acuerdo con el art. 10 de sus Estatutos, convoca a Junta general extraordinaria para proponer aumentar su capital social en UN MILLÓN de pesetas.

La Junta tendrá lugar en Barcelona el día 12 de Octubre próximo, a las diez y seis, en el domicilio del señor Presidente, Rambla de Cataluña, 69.

Con arreglo al art. 12, se·dispone que los señores Accionistas que deseen concurrir depositen sus acciones en la Caja de la Compañía o en Barcelona en el domicilio del señor Presidente.

Tetuán, 3 de Septiembre de 1918.

El Secretario,
L. G. OLIVELLA.

Figura 34. Anuncio de convocatoria de Junta General extraordinaria de la Compañía Algodonera Hispano-Marroquí para ampliación de capital, *Boletín oficial de la zona de influencia española en Marruecos*, nº 18 de 25-9-1918: 41. Biblioteca General y Archivos de Tetuán

en un elogioso artículo firmado por González Palos con el título «Un porvenir para la agricultura. El cultivo del algodón en España». En él hace balance de los últimos años, en un momento en que el sector atravesaba dificultades, por lo que el propio Estado había puesto en marcha un instrumento para analizar las causas y procurar su relanzamiento: la Comisaría Algodonera del Estado, de cuyos informes y actuaciones daba cuenta en el Senado. El texto decía así:

> También trata la Comisaría de introducir el cultivo en nuestras posesiones de África. Según parece se cultivó antiguamente el algodón en Marruecos, subsistiendo todavía hoy pequeñas plantaciones, ya que algunas tribus han conservado la tradición de cultivar sólo para sus necesidades domésticas. A este efecto hay que recordar los ensayos realizados en 1918 por la «Compañía Algodonera Hispano-Marroquí, S. A.» en la región de Tetuán, los cuales demostraron que el cultivo algodonero reúne todas las condiciones necesarias, como suponemos debe ser el caso en la zona de Alhucemas, llegándose a obtener cápsulas a los 112 días de cultivo y

un algodón excelente. La burocracia y la inseguridad de la zona en aquella fecha fueron obstáculos insuperables (*La Vanguardia*, n.° 19 999 de 28-3-1928: 21).

La vinculación de esta compañía con el entramado societario de Feliú aparece bien clara en los anuncios públicos de convocatorias de sus juntas generales, que se celebraban en Barcelona «en la calle Nueva de San Francisco, número 2» (*La Vanguardia*, n.° 19 959 de 21-4-1920: 5), el lugar de reunión tradicional de la Sociedad Oliva.

Conviene recordar que la constitución de esta sociedad y su actividad agrícola pudo estar en el origen de las posibles desavenencias de Feliú con De Roda que motivarían su dimisión de la Cámara de Comercio y su salida de Tetuán en 1919. Enfrentamientos, como ya indiqué, bien por la similitud de los objetos sociales de ambas sociedades en el terreno agrícola o, sobre todo, por la falta de ayudas de la Compañía Española de Colonización a las novedosas iniciativas que comenzó a desarrollar la compañía de Feliú en Tetuán.

La compañía, probablemente por «la burocracia y la inseguridad de la zona en aquella fecha [que] fueron obstáculos insuperables», como indicaba el articulista, planteó su disolución en julio de 1926. Así, es convocada una Junta General Extraordinaria siendo su objeto «el tratar de la disolución de la Compañía» (*Boletín oficial del Protectorado español en Marruecos*, n.° 12 de 25-6-26: 406). Dos años más tarde, el 26 de marzo de 1928, se aprueba la modificación de su comisión liquidadora.

A pesar del acuerdo de disolución, la Compañía Algodonera va a arbitrar los mismos mecanismos «disolutivos» que aplicó la Sociedad Oliva: mantener viva la compañía a través de la comisión liquidataria. Ello le permitió seguir actuando en la zona de Tetuán hasta fechas muy posteriores. Así, en 1931 compra terrenos de labor en la zona de Malalien, Dahart et Torres, Dhar Esquirei y Rimlatz Dhar por un total de 166 584,2 metros. En 1933, también en Malalien, compra 1286,350 metros de terrenos de labor y, por último, en 1934 realiza dos compras de terrenos en Malalien con un total de 163 601,08 metros (Anexos núms. 8, 34 y 6 del *Boletín Oficial del Protectorado español en Marruecos* de los años 1931, 1933 y 1934). Ítem más: en abril de 1952 –veintiséis años después de su disolución– la compañía vende, en escritura pública, uno de estos terrenos de labor en Malalien a la Sociedad General de Marruecos (SOGEMA), representada por el hebreo Salomón Marrache, a la que me referiré específicamente en el punto n.° 10 de este trabajo.

9.2. Sociedad mercantil colectiva Dorca & Feliú (1920)

En 1920, dos años más tarde, aparece la segunda de estas sociedades: se constituye en Barcelona ante el notario José María Aguirre la Sociedad mercantil colectiva Dorca & Feliú[117]. Con un capital social de 30 000 pesetas, sus socios constituyentes fueron Alfredo Dorca Blanch, su hermano Claudio y Esteban Emilio Feliú. Su domicilio será la calle Nueva de San Francisco n.º 2, 1.º, de Barcelona (el mismo de la Sociedad Oliva y de la Compañía Algodonera). En esta sociedad, sus dos hacedores se repartirán claramente las tareas: Alfredo Dorca representaba la parte financiera y Feliú la comercial. Su objeto social «serán las operaciones de agentes libres de banca, bolsas y sus productos y todas aquellas otras operaciones de comercio que los socios entre ellos acuerden llevar a efecto». El objeto social de esta sociedad está en la propia intrahistoria de Feliú, su primera sociedad, con el mismo objeto social, la montó en 1908. En el caso de esta compañía, aunque constituida tras su marcha de Tetuán, estaba en total concordancia con el objetivo marcado para la Cámara de Comercio de Tetuán, cuando fue su presidente. Así, recordemos que el día que se inauguró su nueva sede indicó: «la Cámara tiene el proyecto de establecer Centros de Contratación de mercancías y monedas, o sea, una Bolsa donde se coticen las distintas monedas que circulan en esta zona» (*El Eco de Tetuán*, n.º 1641 de 28-6-1918: 1). Los acontecimientos posteriores, con su precipitada dimisión, impidieron el desarrollo de este objetivo. Esta sociedad, con un objeto social muy definido, comparte las características del entramado societario descritas en la introducción de este apartado. Véase en el siguiente anuncio, la convocatoria de la Sociedad Oliva en marzo de 1920 en el «domicilio de los señores Dorca & Feliú» (fig. 35).

No obstante, a efectos de este estudio, la virtualidad que presenta esta nueva compañía es doble: de un lado, salta a escena el que será, tras su salida de Tetuán, el compañero de actividad empresarial y socio de Feliú durante las dos próximas décadas: Alfredo Dorca Blanch[118], abogado y banquero de Olot (Gerona), y su sostén esencial en todas las actividades que las nuevas empresas

---

117 Todo lo referente a esta sociedad en AHPNB. Escritura n.º 111 de 5-2-1920. Tomo I del Protocolo general de instrumentos públicos de 1920, ff. 339-342. Notario: José María Aguirre i Serra.

118 Véase Apéndice biográfico, donde se resalta el carácter catalanista militante de Alfredo Dorca, su ciudad de nacimiento, Olot, bastión del catalanismo, así como el origen de la Banca fundada por su padre y el destino final de la misma que, con el paso de los años, quedará unida al nacionalismo catalán más reciente y a la familia de su líder: Jordi Pujol.

ANUNCIO
—
Sociedad Anónima Oliva
Ensanche de Tetuan

La Junta General ordinaria se celebrará a las once de la maña-na del dia 28 del corriente Mar-zo, en Barcelona, en el domicilio de los señores Dorca & Feliú, calle Nueva de San Francisco nú-mero 2, pudiendo asistir a la mis-ma los señores accionistas que con cinco dias de anticipación hayan depositado sus acciones en la Caja Social.

Tetuán, 8 Marzo, 1920.—El Gerente, *Francisco Legares.*

Figura 35. Anuncio de convocatoria de la Junta General de la Sociedad Oliva en el domicilio de la sociedad Dorca & Feliú. *El Eco de Tetuán*, nº 2.148 de 8-3-20: 2. Biblioteca General y Archivos de Tetuán

radicadas en Tetuán van a ir desa-rrollando; de otro, va a determinar la labor esencial que Feliú desarro-lle en Barcelona y la que va a darle mayor proyección en la capital cata-lana: la presidencia de la Asociación de Corredores Libres de Cambio y Bolsa de Barcelona y de la Junta del Mercado Libre de Valores de Barcelona entre 1931-1936 [119]. Dorca & Feliú se consolidó como uno de los referentes más viables del mer-cado libre bursátil español, de modo que fue el recurso más utilizado por la prensa de la época para informar a sus lectores de las cotizaciones en bolsa, por lo que adquirió cierta no-toriedad pública.

Buscando aprovechar las siner-gias que el nombre de Feliú conti-nuaba teniendo en Tetuán y con el fin de dar a conocer la nueva sociedad constituida, la prensa local publicó la prensa local publicó una nota remitida, que aparece en la página siguiente (fig. 36).

Probablemente, la inserción de la nota, además de fines publicitarios, tu-viera el propósito de captar inversores entre las élites económicas tetuaníes, que tan bien conocía Feliú, dispuestos a participar en los negocios de la Bolsa a través de esta sociedad. No obstante, estimo que su repercusión en la zona debió de ser muy limitada.

9.3. Sociedad General de Comercio (1921)

La tercera compañía que formará parte de este nuevo entramado societario se constituye ante el cónsul de Tetuán, en funciones notariales, el 30 de marzo

---

119 Véase *Diario de Barcelona*, año 138 n.º 302 de 15-12-1929: 7; n.º 20874 de 17-1-1931: 8 y n.º 21201 de 6-2-1932: 11.

de 1921. Se trata de la Sociedad General de Comercio[120], que fue inscrita en el Registro Mercantil de Tetuán el 12 de abril de 1921. La Sociedad fue constituida con duración indefinida por Marcelino Cía González, administrador de la Sociedad Oliva, «teniendo como objeto los negocios que estime beneficiosos para la Compañía, el Consejo de Administración» y actuando como testigos notariales los hebreos, comerciantes y vecinos de Tetuán, Salomón Benalal Benarroch y Moisés Benasú Miyara. El capital social se fijó en tres mil pesetas (art. II) y el domicilio social se estableció en Tetuán, si bien las reuniones del Consejo de Administración podían celebrarse en esta ciudad o en Barcelona (art. XXIII). Tras establecer el funcionamiento de los órganos colectivos y unipersonales de la Sociedad, en las disposiciones transitorias, art. XXXV, se determina la compo-

Dorca & Feliu

Barcelona, Febrero de 1920.
Nueva de San Francisco, 2.

Señor Director de EL ECO DE TETUAN.

Muy Sr. nuestro: Tenemos el honor de poner en su conocimiento, que por escritura otorgada en 5 del corriente, ante el Notario de esta ciudad, Don José M.ª Aguirre, hemos constituido una Sociedad colectiva, integrada por D. Alfredo Dorca Blanch, D. Claudio Dorca Blanch y D. Esteban-Emilio Feliu Esquivel, la cual, bajo la razón social

DORCA & FELIU

se dedicará a toda clase de operaciones de Bolsa.

Al ofrecernos de V., le rogamos se sirva tomar nota de las firmas sociales autorizadas.

Quedamos suyos attos. y SS. SS. q. b. s. m.
DORCA & FELIU

Figura 36. El Eco de Tetuán, nº 2.161 de 5-4-1920: 1. Biblioteca General y Archivos de Tetuán

sición del primer Consejo de Administración: «los Señores Don Alfredo Dorca, Don Claudio Dorca y Don Esteban Emilio Feliú», idéntico Consejo al de la anterior sociedad.

Así, al margen de la literalidad de su objeto social, abierto a todo tipo de actuaciones, la nueva Sociedad, a la vista de su capital social —tres mil pesetas— y de sus primeras actuaciones, parece que nace con la clara voluntad de los constituyentes de actuar como «sociedad pantalla» para el trasvase de

---

[120] Todo lo referente a la escritura de constitución y a los estatutos de la *Sociedad General de Comercio* en AGPNM. CT. Tomo 11, Protocolo n.º 46 de 1921, ff. 121-131.

bienes de la Sociedad Oliva utilizando como medio, entre otros, el clan familiar y el parentesco.

A modo de ejemplo, y para apreciar con claridad la operativa, el 13 de junio de 1923 la Sociedad General de Comercio vende, a través de Feliú, a Juan Dorca Blanch (hermano de los socios constituyentes), tres parcelas de la manzana 55 con una superficie de 800 m² por un importe de 125 000 pesetas, terrenos que previamente la Sociedad General había comprado a la compañía Oliva[121]. A continuación, Juan Dorca Blanch otorga poderes a Marcelino Cía (que fuera gerente de la Sociedad Oliva y ahora lo es de esta nueva sociedad) para inscribir los bienes comprados en el Registro de la Propiedad de Tetuán[122]. En escritura correlativa, el comprador Juan Dorca, otorga poderes notariales a sus hermanos Alfredo y Claudio y a Feliú para que procedan a la venta de estos mismos terrenos[123]. Las tres escrituras tienen números correlativos y se firman el mismo día, sin que podamos conocer, hasta el momento, si la venta posterior se realizó y, sobre todo, el importe de la misma, cuya cuantía sería notablemente superior al precio de compra[124]. Durante 1926, según los edictos publicados por el Registro de la Propiedad, la Sociedad compró un total de 1380,805 m² en diversos solares de las manzanas 28, 45 y 46 del Ensanche (*Boletín Oficial del Protectorado español en Marruecos*, n.º 1 de 15-1-1926: 44-46).

La Sociedad General del Comercio tal vez sea el ejemplo más claro de la filosofía y del proceder empresarial de las compañías ligadas a este entramado societario, modo de actuar que será común en todas ellas: el trasvase de bienes entre sociedades y entre los socios, en una actuación puramente especulativa de revalorización de los terrenos buscando obtener la máxima rentabilidad, a la vez que «sanear» adecuadamente a la sociedad matriz, la Sociedad Oliva, que había iniciado solo tres meses antes su proceso de liquidación por acuerdo de su Consejo de Administración.

121 AHPNB. Escrituras n.º 428 de 13-6-1923, ff. 1504-1508. Tomo II del Protocolo general de instrumentos públicos de 1923. Notario: José María Aguirre i Serra.

122 AHPNB. Escrituras n.º 429 de 13-6-1923. Notario: José María Aguirre i Serra.

123 AHPNB. Escrituras n.º 430 de 13-6-1923. Notario: José María Aguirre i Serra.

124 Vuelvo a incidir de nuevo en que el límite temporal del estudio es 2023, ya que la normativa española impide la libre consulta de los protocolos notariales, al considerarlos privados, hasta pasados 100 años de haberse realizado el acto jurídico, momento en que se convierten en públicos.

9.4. Sociedad Inmobiliaria Española de Marruecos (1923)

La cuarta de las sociedades creadas por este grupo empresarial entra en escena en 1923. La Sociedad Inmobiliaria Española de Marruecos[125] fue constituida ante el cónsul de Tetuán, en funciones notariales, el 9 de agosto de ese año por Marcelino Cía González, administrador de la Sociedad Oliva, con un capital social de 5 millones de pesetas, representado por mil acciones de cinco mil pesetas cada una. Constituida por tiempo ilimitado, fija su domicilio social en Tetuán, si bien, como ocurriera con anteriores sociedades, las reuniones de sus órganos de gobierno podían celebrarse donde decidiera su Consejo de Administración, en Tetuán o en Barcelona. Así, el lugar de celebración de sus órganos de gobierno fue uno de los emplazamientos utilizados por la Sociedad Oliva y por Dorca & Feliú, la calle Trafalgar n.º 5, pral. 2.º de Barcelona[126].

Su objeto social, «especial» según las escrituras, estará en la misma línea que el establecido en su día para la Sociedad Oliva. Así, en su artículo 1.º se establece la finalidad de su constitución: «la compra-venta de terrenos, así como toda clase de operaciones sobre inmuebles, o relacionadas con los mismos». Sus órganos de gobierno serán la Junta General, el Consejo de Administración y la Gerencia (artículo 6.º). En sus disposiciones complementarias, artículo 33, se establece que, a los quince días del otorgamiento de las escrituras, en reunión de accionistas, se procedería al nombramiento del primer Consejo de Administración, del que formaron parte, además de Feliú y Co Borrell, procedentes de la Sociedad Oliva, los hermanos Alfredo y Claudio Dorca Blanch.

La sociedad nace con un objetivo premeditado y bien definido por sus socios fundadores: recoger el testigo de la Sociedad Oliva en la actividad de compra y venta de terrenos en el Ensanche oeste de Tetuán. Un primer dato así lo evidencia: la Sociedad Oliva acuerda su disolución en Consejo de Administración en marzo de 1923 y solo cuatro meses y medio después se constituye la Sociedad Inmobiliaria.

Como hemos visto con anterioridad, prácticamente desde el inicio de su funcionamiento, 1915, la compañía Oliva comenzó a anunciarse en la prensa local; esta publicidad se mantuvo hasta el 31 de diciembre de 1923. Al día

---

[125] Todo lo referente a la escritura de constitución y a los estatutos de la Sociedad Inmobiliaria Española de Marruecos en AGPNM. CT. Tomo 14, Protocolo n.º 368 de 1923, ff. 913-928.

[126] Véase *Boletín Oficial del Protectorado español en Marruecos*, n.º 24 de 25-12-1925: 195.

Figuras 37 y 38. Anuncios publicitarios de *El Eco de Tetuán*. Arriba, n° 3.282 de 31-12-1923: 2; abajo, n° 3.283 de 1-1-1924: 2. Biblioteca General y Archivos de Tetuán

siguiente, apertura del nuevo año, el anuncio siguió apareciendo con idéntico texto, pero con un cambio substancial: el nombre de Sociedad Anónima Oliva fue sustituido por el de Sociedad Inmobiliaria Española de Marruecos. Estos nuevos anuncios se mantendrán durante 1924 y desaparecerán al año siguiente (véanse figs. 37-38 en esta página y 39-40 en la página siguiente).

A pesar del significativo cambio, tal vez porque los ingresos publicitarios no se modificaron, ninguno de los dos diarios de la ciudad del momento, *El Eco de Tetuán* y *El Norte de África*, hicieron alusión alguna al cambio de sociedad, como tampoco recogieron ninguna noticia o comentario de la disolución de la Sociedad Oliva, una compañía que había sido una parte esencial de la génesis y desarrollo del Ensanche y que, al haber sido publicada su disolución en el *Boletín Oficial de la Zona del Protectorado Español en Marruecos*, n.° 7 de 10-4-1924: 234, era pública y conocida por todos.

La nueva sociedad tuvo una vida efímera, ya que sería disuelta el 13 de julio de 1925 (*Boletín Oficial del Protectorado español en Marruecos*, n.° 12 de 25-6-1925: 389-390), pero su *post mortem*, como ocurriera con las anteriores sociedades analizadas, sería más extenso a través también de su comisión liquidadora. De acuerdo con sus estatutos, artículo 32, disuelta la sociedad

Figuras 39 y 40. Anuncios publicitarios de *El Norte de África*. Arriba, nº 2.271 de 28-12-1923: 4; abajo, nº 2.279 de 6-1-1924: 4. Biblioteca General y Archivos de Tetuán

serán liquidadores el Gerente y los miembros del Consejo de Administración», quedando compuesta la misma por «los actuales Consejeros: D. Esteban E. Feliú, D. Alfredo Dorca, D. Claudio Dorca y el Gerente D. José Có y Borrell (*ibid.*: 389).

De este modo, las primeras operaciones, una vez disuelta la Sociedad, fueron realizadas directamente con la propia administración del Protectorado: se trató de unas permutas de dos parcelas entre la Sociedad Inmobiliaria, ya en proceso de liquidación, y el Habús el Munkatein. La primera situada en el solar n.º 12 de la manzana 13 con una superficie de 1080 m², por otra propiedad de la Sociedad en idéntica parcela e igual superficie, y la segunda, de una parcela de 356 m² perteneciente a la compañía, por otra de igual superficie emplazada en la misma manzana (*Boletín Oficial del Protectorado español en Marruecos*, n.º 13 de 10-7-1927: 701-702). Por último, se realiza una tercera permuta de terreno proindiviso de la Sociedad, el Habús el Munkatein y el Habús el Abrach, en que el Habús cede estos terrenos por otros de las manzanas n.º 40 y 18, propiedad de la Sociedad Inmobiliaria (*Boletín Oficial del Protectorado español en Marruecos*, n.º 2 de 25-1-1929: 81-82). Respecto a las compras de terrenos, entre los años 1933 y 1935, esta Sociedad adquiere un total 12 336,96 m² en distintas

parcelas del Ensanche (*Boletín Oficial del Protectorado español en Marruecos*, Anexos al n.º 34 de 1933, al n.º 2, n.º 8, n.º 13 y n.º 14 de 1934 y Anexo al n.º 20 y n.º 29 de 1935). Igualmente realiza diversas ventas de parcelas del Ensanche, todas documentadas, entre los años 1940-1942.

En estas dos últimas sociedades analizadas, como ha venido ocurriendo desde el inicio de este entramado societario en 1913, puede apreciarse de nuevo la importancia del parentesco en las relaciones empresariales en Cataluña, ya señalado, ya que una maraña de hermanos, primos, cuñados..., copan los puestos rectores de las sociedades, alternándose en los cargos de los consejos de administración y comprando o vendiendo por delegación de poderes. Esta relación familiar-empresarial, al quedarse todo en el contexto de la parentela, facilitará el desarrollo del trasvase de bienes entre las sociedades del grupo, primera característica indicada, de modo que todo quedara en la «familia societaria» conforme a las necesidades liquidatarias de cada una de sus sociedades y a los intereses de los propios socios.

10 El destino del entramado societario y de sus dos principales accionistas tras la Guerra Civil y la Dictadura de Franco

A lo largo del trabajo he indicado que el entramado societario desplegado en Tetuán, en el que la Sociedad Oliva fue su buque insignia, tuvo una enorme repercusión en la filosofía urbanística que sustentó la génesis y evolución inicial del Ensanche, así como determinó una praxis empresarial de tipo capitalista que impregnó su desarrollo, y que afectó a todos los operadores urbanísticos del Ensanche. Igualmente, he querido poner de manifiesto, en primer lugar, cómo la orientación ideológica del catalanismo conservador influyó en el quehacer de este grupo societario. Para ello, en este último apartado veremos sintéticamente lo que significó el catalanismo y sus ejes de pensamiento sobre la acción colonial española y su influencia en los rectores de estas compañías. Y, en segundo lugar, voy a trazar un recorrido personal y profesional de Esteban Emilio Feliú y Alfredo Dorca Blanch, los dos grandes hacedores del andamiaje societario vinculado a Tetuán y a su Ensanche, incidiendo de manera especial, por un lado, en lo que ocurrió con las sociedades tras la Guerra Civil y, por otro, en el recorrido vital y empresarial de estos dos personajes desde su llegada a Marruecos y, sobre todo, tras la finalización de la contienda civil española en 1939.

Feliú y Dorca, enraizados en la mediana burguesía comercial y financiera catalana, se situaron ideológicamente, aunque en niveles diferentes, bajo el paraguas del catalanismo político conservador que, desde finales del siglo XIX, planteó la necesidad de defender la singularidad catalana —la personalidad propia y diferencial—, unida al objetivo de abanderar y proyectar las aspiraciones económicas y la capacidad de emprendimiento de su burguesía y de sus clases acomodadas. Para ello, precisaban de nuevos territorios —nuevos mercados— como vehículos para su desarrollo y crecimiento comercial y empresarial. De ahí la defensa cerrada que hizo el catalanismo de la idea del Imperio español[127], manifestado antes de su nacimiento como proyecto político en el apoyo catalán a la Guerra de África de 1860 y con posterioridad al Protectorado en Marruecos. En esta línea, como indica Álvarez Junco, el deseo de los fundadores catalanistas era conseguir un

> papel dirigente dentro de una Iberia o Hispania más amplia, convertida en un conglomerado imperial [...] [manteniendo] la idea «bifronte» de que Cataluña debería afirmarse como entidad nacional pero liderar a la vez el imperio panhispánico (Álvarez Junco 2017: 226).

Con el paso del tiempo esta idea viró hacia la necesidad de impulsar un «imperio propio», ante lo que consideraban la falta de idoneidad del Estado español para garantizar la expansión y el control de los mercados coloniales, criticando la incapacidad manifiesta de España para sacar adelante el proyecto de Protectorado[128].

Alfredo Dorca no solo compartió estas ideas, sino que militó políticamente en la Lliga Regionalista, máxime procediendo de una ciudad como Olot que, además de ser el centro de las operaciones financieras familiares, fue desde las primeras elecciones catalanas uno de los grandes bastiones electorales, junto a la ciudad de Barcelona, del catalanismo conservador.

Dorca tuvo una activa participación social, económica y política en la Cataluña de la época. Desde la perspectiva social, ocupó diversos cargos en instituciones socioculturales y económicas, entre otras en el Ateneo[129] y en el Consorcio del Puerto Franco de Barcelona. Desde la perspectiva económica participó activamente en el Mercado Libre de Valores de Barcelona, a través de la Asociación de Corredores Libres de Cambio y Bolsa, de la que fue miembro activo. Y desde la perspectiva política concurrió como candidato en las listas de la Lliga por la provincia de Gerona a las elecciones al Parlamento de Cataluña de 1932, fue miembro de la candidatura por Barcelona a las elecciones

---

127 En una conferencia pronunciada por Francesc Cambó en Bilbao en 1917, en relación con el proyecto político de la Lliga, indicó que pretendía «ir a una mayor fraternidad entre todos los pueblos de España y hacia una misma grandeza de una España Imperial». Riquer Permanyer 2022: 219 y nota 107.

128 Véase al respecto González Calleja 2010 y Martín Corrales 2011: 122.

129 El Ateneo de Barcelona, la principal asociación cultural de la ciudad y la que contaba con mayor número de socios, se convirtió en objetivo prioritario del proceso de expansión cultural del catalanismo y en «la principal plataforma legal de su propaganda en Barcelona» (Riquer Permanyer 2022: 30).

municipales de 1933, consejero del Ayuntamiento de Barcelona nombrado por su partido en 1935 e integrante de la sección de Economía de la Lliga en el mismo año.

Al producirse la sublevación golpista de julio de 1936, la Lliga pasó de tener inicialmente una actitud tibia a apoyar a los generales golpistas. No obstante, el catalanismo, incluido el conservador que generaba muchas sospechas en los sectores falangistas, estuvo en el punto de mira de los sublevados y de la posterior Dictadura del general Franco. El proceso de fusilamientos, persecuciones, purgas y depuraciones tras la Guerra Civil afectó de manera especial al nacionalismo de izquierdas y, en general, a todos los sectores catalanistas: el objetivo del régimen franquista no era otro que el exterminio de la catalanidad[130]. Este proceso afectó de forma mucho más limitada a los militantes y seguidores de la Lliga: unos eligieron el camino del exilio, mientras que otros comenzaron a colaborar con el nuevo régimen[131]. En el caso concreto de Alfredo Dorca, como consecuencia de su actividad política –que justo es reconocerlo, siempre fue limitada y de segundo orden– tras la toma de Barcelona sufrió la incautación de sus bienes.

A partir de ese momento, se alejó de los negocios norteafricanos. Continuó su vida empresarial en Cataluña, ya sin ninguna visibilidad pública, incluso dando muestras de integración en un sistema político autoritario empeñado en no olvidar la Guerra Civil y en homenajear a sus «propios mártires», mediante su participación en suscripciones públicas a favor de los caídos franquistas en Cataluña (*Diario de Barcelona*, año 170, n.° 224 de 12-10-1960: 34 y año 171, n.° 243 de 12-10-1961: 43). Murió en Barcelona el 20 de septiembre de 1965 (*Diario de Barcelona*, n.° 228 de 24-09-1965: 20 y *El Noticiero Universal*, n.° 24 706 de 7-10-1965: 35).

El caso de Esteban Feliú fue diferente[132]. Indiqué al comienzo que Feliú fue el personaje esencial en la génesis del Ensanche. Pero también, sin ningún

---

130 En palabras de Josep Benet, la victoria franquista en la Guerra Civil tuvo un objetivo permanente: «La voluntat decidida dels vencedors d'acabar, per sempre, amb l'existència de Catalunya com a poble» (según Amat Fusté 2018: 240).

131 Tras la Guerra Civil algunos militantes y personas afines a la Lliga se integraron en la estructura de poder del régimen franquista. Uno de los casos más significativos fue el de José María Porcioles, que sería alcalde de Barcelona entre 1957 y 1973.

132 Agradezco a Emilio Feliú Paules, hijo mayor de Feliú, nacido en 1925 y que reside en Barcelona, la aportación de algunos comentarios y datos biográficos de su padre, con quien compartió la actividad societaria y empresarial en Tetuán y en Tánger tras la Guerra Civil. Feliú Paules permaneció en Tánger hasta 1975. A él se debe, entre otros datos, la información sobre el año en que su padre abandonó Tánger, «a mediados de los años 60», si bien he reseñado en

género de dudas, el más interesante y mediático y el de una trayectoria más amplia en el norte de Marruecos (1913-1970), por lo que merece una atención amplia y pormenorizada. Nunca tuvo una militancia política partidista, si bien su familia mantuvo vinculaciones con la Lliga[133]. Su vida estuvo muy centrada en la actividad empresarial. No obstante, resultan de interés las entrevistas de prensa que le realizaron[134] (de modo especial la del diario El Parlamentario, con motivo de la visita de las Cámaras de Comercio del norte de Marruecos a Madrid en 1918, y la ya indicada del diario barcelonés El Noticiero Universal en 1921), en las que se trasluce con claridad su pensamiento económico y su ideología[135].

Feliú, en esas escasas entrevistas, siempre fue proclive, como ya indiqué respecto a la que le realizaron en 1917, a expresar con nitidez sus ideas. En ellas se refleja su seny catalán, ese sentido de cordura o sensatez que, como señaló Ferrater Mora, se aúna con el atrevimiento y la osadía[136], lo que le llevó a colaborar y cuestionar a la vez el quehacer del Protectorado. Algunas de esas

---

el texto 1970 como el término de su etapa tangerina, dados los problemas judiciales que tuvo entre 1965-1970, que le dificultarían su vuelta a España.

133 Su hermana Ana fue presidenta de la Sección femenina de la Lliga Catalana del Ateneo Autonomista, entidad vinculada a la Lliga Regionalista (La Veu de Catalunya, n.° 21070 de 23-2-1935: 16), cargo que desempeñó hasta la Guerra Civil. Hay que recordar que el sufragio femenino se aprobó en España en octubre de 1931, con lo que las mujeres pudieron ejercer por primera vez el voto en las elecciones celebradas en 1932. La aprobación del sufragio femenino provocó en la Lliga un intenso debate sobre la forma en que abordar este hecho, ya que consideraban que el voto de la mujer, especialmente en las zonas rurales (siempre esenciales para el catalanismo), estaría muy influenciado por los párrocos. Ello condujo a la puesta en marcha de un proyecto, liderado por Francisca Bonnemaison, «la señora Paquita», amiga de Cambó, para organizar instituciones femeninas dentro de la Lliga, como la que presidió la hermana de Feliú, con el objetivo de captar el voto femenino (véase Riquer Permanyer 2022: 36).

134 Que yo tenga localizadas, a Esteban Feliú se le realizaron cuatro entrevistas: en 1917 el diario El Mundo (Madrid); en 1918 el diario El Parlamentario (Madrid), reproducida por El Eco de Tetuán el 6-5-1918; en 1921 El Noticiero Universal (Barcelona) y en 1932 el diario Ahora (Madrid). Las tres primeras relacionadas con su actividad en el Protectorado y la última como presidente del Mercado Libre de Valores de Barcelona.

135 Feliú, como podremos observar durante su larga estancia en Tánger, fue en el terreno político un antiliberal, entendido como una persona cercana a los partidos conservadores de la época y, por tanto, contraria al partido liberal y a los partidos de izquierda que comenzaron a tener peso político en las décadas de los años 20 y 30 del siglo pasado. En este sentido, Feliú encabezó una dura oposición contra las actuaciones de Indalecio Prieto como ministro de Hacienda en el primer gobierno de la República. Aunque dados los cambios semánticos que hoy ha adquirido el término liberal, para no caer en malentendidos, podríamos considerar su pensamiento económico como ultraliberal.

136 «El seny no exclou, sinó que moltes vegades postula, l'atreviment i la gosadia, tot el que, des de cert punt de vista, pot semblar insensat, però que, mirat des de l'horitzó de la continuïtat, esdevé una actitud entenimentada» (Ferrater Mora 1980: 67).

ideas, a pesar de que Feliú no tenía una militancia política activa, estaban muy en línea con lo que fue, en las dos primeras décadas del siglo XX, el ideario ideológico regenerador —crítico con la acción de España en el Protectorado y a la vez «accidentalista o posibilista» (en referencia a la actitud del catalanismo de trabajar dentro del régimen[137])- que representaba en ese momento Francesc Cambó, quien, desde una ideología catalanista claramente conservadora pretendía «desde Cataluña compaginar la autonomía catalana y la regeneración de España» (*La Vanguardia*, n.º 50 726 de 21-11-2022: 28) En este sentido, selecciono algunas de las respuestas de Feliú en las dos entrevistas referidas que van a permitir hacernos una idea de su pensamiento empresarial y político:

> En Madrid se da una importancia definitiva y única a la acción militar [...]; [la política española en Marruecos] debe ser eminentemente civil y dentro de lo civil puramente económica. En Marruecos tiene más eficacia una carretera, un ferrocarril, una granja o zona cultivada que cien baterías de cañones; el régimen aduanero es arcaico [...] y el criterio fiscal absolutamente inadmisible; trasplantar a Marruecos, y esto es lo que se está haciendo, toda nuestra legislación administrativa y económica es un lamentabilísimo error; la Cámara de Comercio de Tetuán ha hecho una campaña intensísima para abrir los ojos a los gobernantes y ponerles en antecedentes del camino equivocado que siguen [...]; Arrastrados por el proteccionismo intransigente [en referencia a España] [...] poco a poco vamos llevando a la zona el criterio de una Aduana en cada esquina y un fielato en cada casa. (Síntesis de las entrevistas de *El Parlamentario* (Madrid), 1918 y *El Noticiero Universal* (Barcelona), 1921).

Tras el desastre de Annual, acaecido solo unos meses antes de la entrevista de *El Noticiero Universal*, Feliú marca su conexión con las medidas represivas de las autoridades españolas, pero sin perder el matiz crítico:

> [...] «el plan de futuro es muy sencillo. Ante todo castigo a los rebeldes y después seguir una política completamente distinta a la seguida hasta hoy y que nos ha llevado al fracaso comercial y guerrero», para acabar la frase con un rasgo propio del supremacismo civilizador colonial: «tenemos que convencer a los moros de nuestra superioridad [...] Pero de una

---

137 Véase sobre esos conceptos, Townson 2018: 161 y Ucelay-Da Cal 2018: 75.

superioridad intelectual dejando la guerra para ocasiones especiales no como un régimen continuo» (*El Noticiero Universal*, n.º 11 423 de 5-10-1921: 7 y *El Eco de Tetuán*, n.º 1608 de 6-5-1918: 1, reproducción de la entrevista realizada días antes por *El Parlamentario*)[138].

Cuando residía en Tetuán y, sobre todo, tras su salida de ella, Feliú participó en Barcelona en diferentes instituciones comerciales y económicas, como el Casino Hispano Americano[139], el Casino Mercantil[140], la Cámara de Comercio, la presidencia de la Junta del Mercado Libre de Valores de Barcelona entre 1931-1936 (*La Vanguardia*, n.º 20 874 de 17-1-1931: 8 y n.º 21 201 de 6-2-1932: 11) o la Asociación de Corredores Libres de Cambio y Bolsa, en la que también ejerció durante algunos años la presidencia. A pesar del paso del tiempo, la zona norteafricana continuó teniendo hacia él una gran consideración y aprecio. Prueba de este reconocimiento fue la calle que durante varios años tuvo en el Ensanche: el «Pasaje Feliú», que perdería su nombre tras la Guerra Civil[141].

---

[138] Este tipo de discurso supremacista surgió tras la Guerra de África de 1860 y estuvo cargado, en palabras de Álvarez de Junco, de «misión civilizadora». Véase, García Balañá 2002: 15-16. En este sentido resultan bien significativas las palabras de la *Revista Hispano-africana*, respecto al papel de España en el proceso pacificador: «La política de atracción con el indígena es conveniente, y desde luego puede dar excelentes frutos, pero es cuando el indígena se considera en la verdadera situación de protegido, no cuando crea que puede tratar de igual a igual, de potencia a potencia con el protector» (*Revista Hispano-africana*, núms. 34 y 35 de octubre-noviembre de 1927: 1).

[139] Quisiera resaltar la importancia en esos momentos históricos de los Casinos, que eran lugar de encuentro, de actividad económica y especialmente representaban el punto de unión de los sectores empresariales vinculados a objetivos similares, caso de la exportación a América o a otras zonas del mundo.

[140] Esta institución sería el germen y origen de la Junta de Valores del Mercado Libre de Barcelona que tanta trascendencia tuvo en la vida de Feliú.

[141] Tras su salida de Tetuán en 1919, Feliú tuvo una calle a su nombre en la ciudad (no puedo precisar el año en que se la dedicaron) hasta 1936. Se trata de un pequeño pasaje que enlaza la calle Mohamed V con la Plaza Al Adala (en la que se encuentra el Cine Avenida). Posteriormente, en la etapa de la dictadura franquista la calle tomó el nombre de Pasaje Buruaga (Eduardo Sáenz de Buruaga [1893-1964], el militar golpista que el 17 de julio de 1936 aseguró para los sublevados el control de Tetuán, tomando las dependencias oficiales y la Alta Comisaría y deteniendo al secretario general de la misma, Arturo Álvarez-Buylla y Godino [el puesto de Alto Comisario estaba vacante desde el 13 de mayo de 1936, tras el nombramiento de Juan Moles Ormella como ministro de Interior en el gobierno de Casares Quiroga]. Álvarez-Buylla fue enviado a la fortaleza de Monte Hacho en Ceuta, donde sería fusilado el 16 de marzo de 1937). Finalmente, tras la independencia de Marruecos, la calle adoptó su nombre actual, Pasaje Doctor Duaso, como merecido homenaje al médico Tomás Duaso, director del Hospital Militar Español (*Diario de África*, n.º 637 de 20-12-1947: 6), que tantos servicios prestó en la ciudad, sin atender a nacionalidad, religión o posición social, y que fue muy querido por

BAR IDEAL

Propietario: MIGUEL MOYA

PLAZA BEN AZUZ Y PASAJE DE FELIU (frente a la Delegación de Hacienda y Palacio de Justicia Desayunos, café, vinos y licores de todas marcas SERVICIO ESMERADO Y A DOMICILIO

FIGURA 41. Anuncio del Bar Ideal, situado en el «Pasaje Feliú». *Callejero Guía de Tetuán de 1936*: 67. Imagen procedente de los fondos de la Biblioteca Nacional de España

Tras la finalización de la Guerra Civil su rastro se difumina en la prensa española y catalana[142]. Y es que Feliú dejó de ser noticia pública porque abandonaría España para poder seguir desarrollando sus actividades empresariales. Tres razones de peso motivaron esta salida: en primer lugar, el reconocimiento social que tenía en el norte de Marruecos, una zona que conocía perfectamente y donde, como se ha indicado en el párrafo anterior, era una persona querida y respetada; en segundo lugar, la imposibilidad de continuar con la labor a la que, desde que salió de Tetuán, se había dedicado en Barcelona, en concreto al Mercado Libre de Valores —lo que en Cataluña se conocía como «el Bolsín»[143]-, ya que «las autoridades franquistas decidieron acabar con el Mercado Libre clausurándolo en 1940 y declarándolo extinguido y disuelto en 1942» (Rojo 2009: 46); y por último, Feliú seguía teniendo

la población local. El Pasaje es uno de los escasísimos ejemplos, junto a la Plaza Mariano Bertuchi, en los que se mantiene el nombre de un español en el actual callejero tetuaní.

[142] Tras la Guerra Civil son escasas las noticias que aparecen en prensa de la familia Feliú Esquivel, salvo la muerte de dos de sus hijos, Jorge y M.ª Teresa. En el caso de Esteban Emilio Feliú solo he encontrado una referencia tardía, 1972, cuando ejerció de padrino en la boda de su hijo Emilio. (*La Vanguardia*, s/n de 28-5-1972: 30 y *Diario de Barcelona*, s/n de 18-7-1972: 27).

[143] El mercado de la Bolsa en España estuvo desregularizado hasta 1915. A partir de esa fecha se implanta la obligación de un mercado oficial que establecía reglamentaciones para los establecimientos de este tipo existentes en España. A pesar de ello, en Barcelona la Asociación del Mercado Libre, constituida en ese mismo año de 1915, recogiendo el testigo de la actividad que realizaba el Casino Mercantil, continuó con su actividad, con su propio mercado «autorregulado», es decir sin estar sujeto a la Bolsa oficial: era el llamado «Bolsín».

en el norte de Marruecos negocios en marcha o en liquidación[144]. Estas tres razones le llevaron a convertir esa zona en el eje vertebrador de sus negocios tras la Guerra Civil, centrando los mismos en Tetuán, a donde acudía con cierta frecuencia a firmar escrituras de ventas (en ellas aparecía siempre como «vecino accidental de Tetuán»), en Tánger y en menor medida en la zona de Melilla, si bien fue Tánger, que por su estatus internacional era el escenario perfecto para sus negocios, la ciudad donde centró principalmente sus actividades. Cada una de estas ciudades respondía a las diferentes parcelas profesionales que conformaban su vida empresarial: Tetuán, la actividad mercantil, de ventas de terrenos, exportación e importación y representaciones comerciales; Tánger, la actividad financiera, cambio de divisas incluido, la societaria y fiduciaria, la representación de bienes ajenos y la administración inmobiliaria; y la zona de Melilla, la actividad minera, en las cabilas de Bocoya y Beni Brugrah.

Como he indicado, Tánger centraría, tras la Guerra Civil, la parte esencial de su actividad empresarial. Domingo del Pino lo sitúa en esta ciudad, junto a su hijo Emilio, tras la II Guerra Mundial, dentro del elenco de catalanes que colaboraron «en la estructuración económica y empresarial de la ciudad» (Del Pino 2003: 111), continuando, de esa forma, con una actividad que no le era ajena. Así lo indica Del Pino:

> A caballo entre exiliados y expatriados estaban Esteban Feliú y su hijo Emilio, y el brazo derecho de ambos, Josep Toscas, que administraban e invertían el dinero que les habían confiado otros catalanes (ibid.: 144).

En idéntico sentido se expresa Cortés, para quien un nutrido grupo de catalanes fue

> recalando en la Tánger internacional y desempeñaron un papel en la estructura económica y en la proyección intelectual de la ciudad... Asociados en ocasiones con importantes hombres de negocio autóctonos de origen hebreo (Cortés 2010: 9).

---

[144] Como veremos más adelante, tanto la Sociedad Inmobiliaria Española como la Compañía Algodonera Hispano Marroquí S.A., ambas en liquidación, continuarían tras la Guerra Civil realizando operaciones de venta de terrenos en la zona de Tetuán.

Figura 42. «El presidente del Mercado Libre de Valores, don Esteban Feliú Esquivel». *Ahora* (Madrid), nº 583 de 27-10-1932: 18. En esos momentos Feliú tenía 52 años. Foto: Badosa. Imagen procedente de los fondos de la Biblioteca Nacional de España

Entre los catalanes que hicieron de Tánger el centro de sus negocios cita, entre otros, a Feliú y a su hijo Emilio .

Ciertamente, Feliú se radicó como expatriado en Tánger, antes incluso de la fecha referida por Del Pino. Ya consta su presencia en la ciudad en 1940, año en que obtuvo el certificado de nacionalidad, requerido para los residentes, expedido por el Consulado de España en Tánger, que continuó renovando anualmente. Parece claro que Feliú, a pesar de la «depuración» que supuso que le quitaran su calle en Tetuán, optó por establecerse en Tánger, donde no tuvo problemas para que el consulado español le expidiera el certificado de residencia[145], máxime en unos momentos en que esta ciudad servía de refugio para

---

[145]   Feliú, según me contó su hijo, conoció a Franco en Tetuán, cuando ejercía la vicepresidencia del Casino Español. En aquellos años, Franco ostentaba el grado de comandante.

muchos republicanos exiliados y en la que se respiraba un aire de libertad que atrajo también a muchos españoles expatriados a residir en ella. En este sentido, la expresión de Del Pino sobre la situación de Feliú en Tánger, «a caballo entre exiliado y expatriado», simboliza a la perfección al personaje y a su trayectoria empresarial y social en Marruecos: un empresario crítico y a la vez «anticomunista, y a pesar de que no ha apoyado el régimen de Franco ha seguido sus directrices políticas»[146], es decir, capaz de colaborar con quien no le generara cortapisas a su libertad de acción, dejándole las puertas abiertas a sus negocios.

La elección de Tánger no fue casual. La ciudad internacional, tras la II Guerra Mundial, contaba, atendiendo a la Guía telefónica de 1954, con una cincuentena de bancos de las más diversas nacionalidades (americanos, franceses, ingleses, holandeses, belgas, italianos, españoles[147], indochinos, argelinos, latinoamericanos...) además de múltiples agencias y compañías que actuaban en paralelo a las entidades bancarias. La razón de esta proliferación se halla en que, durante esos años, en Tánger el tráfico de divisas se convirtió en el elemento esencial de su economía —«la única forma de conseguir dólares [para los negocios de exportación en España] era comprándolos en Tánger» (Guixá y

---

Compartían ambos el rechazo a las corrientes liberales, y aunque nunca, según sus palabras, tuvieron una relación fluida, se respetaban. Feliú, si bien no apoyó explícitamente a Franco, siempre se movió con libertad dentro del régimen franquista. A pesar de su falta de apoyo explícito al nuevo régimen, las autoridades consulares franquistas no pusieron ningún reparo para concederle la residencia en Tánger, ciudad entonces especialmente vigilada por los servicios de inteligencia por el número de exiliados que recalaron en ella. Prueba de esta permisividad y de su colaboración con instituciones vinculadas al Protectorado y al régimen franquista son las noticias, que veremos más adelante, que sobre Feliú recoge *Diario de África* (diario tetuaní que formaba parte de la vasta cadena de Prensa del Movimiento), en las décadas de los años 40 y 50 del siglo pasado.

146 Guixá y Trallero 2019: 145, recogiendo un informe de la OSS (Office of Strategic Services). La OSS fue una agencia de inteligencia creada en 1942 con el objetivo de unificar las acciones de espionaje de los distintos cuerpos del ejército estadounidense durante la II Guerra Mundial. Desapareció en 1947 tras la creación de la CIA (Agencia Central de Inteligencia). La referencia documental del informe sobre Feliú, en Guixá y Trallero 2019: 145, corresponde a: Activities of Emilio Esteban Feliu Esquivel (Project Safehaven, 1942-1946). En: NARA M 1934. OSS Washington Secret Intelligence and Special. Record Group 226. Serie: Washington Office, Special Funds Division Finance, Intelligence (WASH-SPDF-INT- 1: Documents 3801-3855), p. 151.

147 En 1954 se contabilizan hasta once bancos españoles radicados en Tánger (en torno al 20% del total de los existentes en la ciudad). Algunos de ellos eran delegaciones de entidades bancarias españolas (Exterior de España, Español de Crédito, Vizcaya, Bilbao...) y otros creados expresamente para el desarrollo de inversiones y, sobre todo, para favorecer el establecimiento de sociedades *off shore* centradas en el tráfico y el cambio de divisas que favorecieran las exportaciones de empresas radicadas en Cataluña y otras zonas de España. Fue el caso del Banco Inmobiliario y Mercantil de Marruecos (BIMM) que, tras la independencia de Marruecos se establecería en Andorra, o de Fiducia Bank, vinculado a Feliú.

Figura 43. «Tanger. Avenue d'Espagne». Real Photo C.A.P. París. Foto: colección José Luis Gómez Barceló

Trallero 2019: 139)–, las sociedades estaban sujetas a pocas reglas financieras y los mercados tenían una escasa regulación. Todo ello dejaba el campo libre a sociedades y a personas que, como Feliú, había demostrado durante años su solvencia en Barcelona en este tipo de escenarios económicos. Esta ingente actividad económica y financiera tangerina duraría hasta la segunda mitad de la década de 1950, cuando con la independencia de Marruecos y la inminencia del Plan de Estabilización y Liberalización Económica del régimen franquista que puso fin al periodo de la autarquía, algunas de las empresas económicas y financieras foráneas existentes comenzaron a trasladar sus domicilios sociales fuera de Tánger, por ejemplo, a Andorra o a países americanos (*España*, (Tánger) n.º 7303 de 29-12-1959: 9).

Así, durante estas dos décadas, 1940-1960, este nutrido grupo de catalanes se asentó en Tánger con la intención de sacar provecho del paraíso financiero y cambiario existente en la ciudad, máxime en momentos de crisis y autarquía en España, donde las exportaciones necesitan dólares para realizar sus pagos. Y Tánger era el único mercado libre que aceptaba la peseta para cambiar por dólares, con lo que, entre otras, la industria textil catalana requirió a este mercado para la importación de algodón. En este contexto económico, Feliú pudo continuar en Tánger realizando aquello en lo que era un experto: mover el

dinero, administrar bienes inmobiliarios, desarrollar sociedades y artilugios financieros alejados del control institucional, dirigir el proceso de liquidación de sus sociedades en Tetuán (venta de solares, cesiones de derechos...), e incluso, fiel a su espíritu, montar nuevas sociedades, bien junto a familiares cercanos, bien en compañía de la pléyade de catalanes allí establecidos con los que, con una buena parte de ellos, compartía intereses económicos y cercanía ideológica al catalanismo conservador.

Así, durante su etapa tangerina, según Guixá y Trallero (2019: 143-144), Feliú y su hijo «administraban e invertían dineros que le habían confiado los catalanes». Para ello, Esteban Feliú montó una sociedad con su hijo Emilio y con Josep Toscas, Fiducia Bank, ubicada en el Bulevar Pasteur n.º 33[148], que se convirtió en el elemento central de su actividad en la ciudad. Además de ya lo reseñado respecto a las características económicas y financieras de la ciudad internacional, hay que añadir que Tánger fue el destino de una parte importante de los capitales que salieron de Cataluña y otras zonas de España, primero con la proclamación de la República y después con la Guerra Civil. Por tanto, el campo de acción que se le abrió a Feliú, dada su experiencia y sus contactos, fue inmenso: administrar, gestionar y colocar el dinero de sus «compatriotas catalanes» para obtener una buena y pronta rentabilidad. Así, su sociedad se convirtió en uno de los referentes para los catalanes radicados en Tánger, pero también para quienes venían de otras zonas de la península con esa misma intención. A éstos, dada su cercana relación con el consulado español, les facilitaba los trámites necesarios con celeridad, de modo que Fiducia Bank actuaba como «sociedad pantalla» en la administración de sus bienes (Guixá y Trallero 2019: 145).

El volumen de personas y de sociedades que comenzaron a trabajar en poco tiempo con Fiducia Bank comenzó a levantar sospechas. En primer lugar, según Guixá y Trallero 2019: 145, entre los servicios de espionaje norteamericanos de la OSS (Office of Strategic Services), que elaboraron un informe, realizado durante la II Guerra Mundial, en el que se indicaba:

> Feliú Esquivel es el director de una agencia de negocios en Tánger, Fiducia SA, ubicada en 33 Boulevard Pasteur. Es el administrador de cerca

---

[148] Atendiendo de nuevo a la Guía telefónica de Tánger podemos hacernos una idea de la estructura con la que contaba Fiducia Bank en 1954. Tenían números de teléfonos propios las siguientes secciones: dirección, subdirección, departamento de contabilidad y caja.

Figura 44. Anuncio publicitario de FIDUCIA Sociedad Anónima. *España* (Tánger), nº 2535 de 30-12-1946: 17

Figura 45. Anuncio de FIDUCIA BANK. *España* (Tánger), nº de 17-9-1957: 29, número especial con motivo de la visita de Mohamed V a Tánger

de 50 sociedades de responsabilidad limitada, que se organizaron en Tánger en 1944 y 1945. Muchas de las empresas son propiedad de hombres de negocios que viven en Madrid y Barcelona. Un gran número de las empresas no se encuentran en funcionamiento en la actualidad [...] también se ocupa de los asuntos de los financieros, tales como la colocación de dinero a través de préstamos de hipotecas, la compra de la propiedad y las cuestiones financieras comerciales e industriales (Guixá y Trallero 2019: 145).

En segundo lugar, las sospechas también vinieron de parte del Juez Especial de Delitos Monetarios de España. Así, en 1966, pero siguiendo un procedimiento incoado en 1961, el juez emitía una resolución, insertada en el *Boletín Oficial del Estado* por la que:

[En relación a] los procedimientos acumulados números 106 y 119 de 1961, instruidos por delitos monetarios [...] se cita, llama y emplaza al inculpado, Esteban Feliú, Director de la Sociedad «Fiducia Bank» cuyo último domicilio conocido en España lo fue en Barcelona y hoy ausente, a fin de que en término de quince días comparezca ante este Juzgado de Delitos Monetarios, sito en Madrid, plaza de Colón, número 4, para ser oído, apercibido de que al no verificar la comparecencia será declarado en rebeldía. (*Boletín Oficial del Estado*, n.º 136 de 8-6-1966: 7244).

La requisitoria judicial para la toma de declaración obedecía a un caso de «pago clandestino de dólares sin la autorización del I.E.M.E.[149] como pago de mercancías ilegalmente importadas al parecer, y disponibilidad de dicha divisa extranjera, sin declaración al mencionado Instituto» (AGA[150]. Juzgado de Delitos Monetarios, expediente n.º 106 y 119. Signatura 45/9032, portadilla)[151].

En su declaración, uno de los imputados, aportó al juez información sobre la operación y sobre el papel de Feliú en la misma:

Que en su momento quiso importar é importó 100 mil kilos [luego elevado a 120 mil] de fleje de persianas, para lo que trajo el tren de laminación y pintura. Importación que iba a realizar en Noruega [...] los industriales correspondientes se negaron a recibir el pago en coronas [noruegas], queriendo se les hiciese en Dólares Libres (*ibid.* 292).

En esta misma declaración, indicó que:

[...] pagó hasta la cifra de 127 mil dólares que el declarante realizó de la siguiente manera: ochenta mil dólares que situó en Estados Unidos FIDUCIA BANK, cuyo director D. ESTEBAN FELIÚ era amigo personal del que depone [...]; para garantía de D. Esteban Feliú, le entregó en mano en

---

[149] Acrónimo de Instituto Español de Moneda Extranjera, organismo creado en 1939 con la finalidad de supervisar las transacciones internacionales que se efectuaban en España. El IEME realizó «con mano férrea la restricción exterior de la España autárquica entre 1939 y 1959 [...] El IEME como tal expiró en su papel de supervisor de las transacciones internacionales de capital al transferírselas al Banco de España en 1969 y al Ministerio de Comercio en 1973» (De la Torre y Vélez Rubio 2015: 11).
[150] Archivo General de la Administración. Alcalá de Henares.
[151] Agradezco a Pedro Luis Egea Vega su colaboración en la localización del expediente en Alcalá de Henares.

Barcelona dos millones de pesetas aproximadamente en reserva de poder cancelar esa cantidad (*ibid.*: 292).

Feliú fue citado a declarar, citación que fue reiterada bajo amenaza de orden de detención e insertada en el BOE, como hemos visto, al encontrarse residiendo en el extranjero. Con fecha 3 de mayo, Feliú contestó al juez, por carta remitida desde Tánger, que:

> Encontrándose en el Reino de Marruecos, donde resido desde el año 1919, y estar bastante achacoso [...] y estar afecto a una dolencia, según certificado médico que acompaño, me ha sido imposible trasladarme a esa para tal día, por lo que le ruego me excusen (*ibid.*: 267).

Finalmente, Feliú nunca llegó a declarar y la sentencia, dictada a comienzos de la década de 1970, se saldó con leves sanciones económicas para los encausados, quedando Feliú exonerado. Más allá del resultado final de la sentencia, el caso confirma que las actividades financieras y la colocación de divisas en bancos extranjeros formaba parte del quehacer profesional y del servicio que Feliú prestaba a los empresarios españoles, especialmente a los catalanes.

La habilidad de Feliú para establecer mecanismos societarios para el desarrollo de sus objetivos empresariales no se circunscribió, después de la Guerra Civil, solo a Tánger: se extendió a Tetuán y se irradió también a la zona de Melilla.

Así, en Tetuán creó la compañía SOGEMA (Sociedad General de Comercio)[152], constituida ante el cónsul de Tetuán el 13 de marzo de 1943 y radicada en la calle del Generalísimo n.° 22, de la que Feliú era administrador único, pero delegando muchas de sus actuaciones en su primo Alfredo Feliú García[153], que se avecindó en Tetuán (fig. 46).

Esta nueva sociedad centró su actividad en cuestiones comerciales, como la importación y el carrozado de camiones, la representación de marcas de coches, electrodomésticos, etc. En paralelo, en la zona de Melilla, SOGEMA dedicó una buena parte de su quehacer al negocio minero, actividad con la que Feliú estaba familiarizado, ya que recordemos que en su primera etapa tetuaní presidió la Agrupación Minera. Así, en abril de 1946, SOGEMA obtuvo

---

152   Respecto a esta Sociedad me han sido de gran utilidad los comentarios de Emilio Feliú Paules, ya que participó junto a su padre en el desarrollo de las actividades comerciales de SOGEMA.

153   Véase Anexo biográfico.

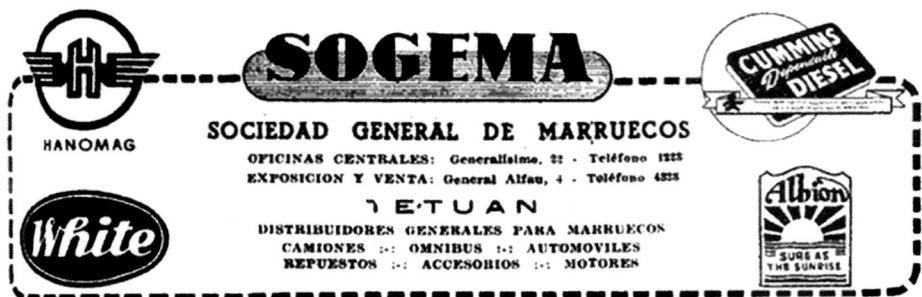

Figura 46. Anuncio publicitario de SOGEMA inserto en el libro *Información comercial española*. Ministerio de Comercio. Madrid. Oficina de estudios económicos, nº 233, enero de 1953: 139

permisos mineros de investigación en «los lucares denominados Río Bades y Kar Maasar, en las cabilas de Bocoya y Beni Brugrah», investigaciones dirigidas a la obtención de plomo; estos terrenos con posterioridad le serían concesionados (*Boletín Oficial del Protectorado español en Marruecos*, n.º 15 de 12-4-1946: 410 y n.º 43 de 28-10-1949; 1039), hasta obtener en 1952 el permiso de explotación minera en las cabilas indicadas, con una superficie total de 1042 ha (*Boletín Oficial del Protectorado español en Marruecos*, n.º 23 de 6-6-1952: 592).

Y al igual que le ocurriera en su primera etapa tetuaní, Feliú siguió contando en estos años con la consideración de las autoridades del Protectorado y con el reconocimiento de la sociedad económica de la ciudad. Buena muestra de ello fueron sus contactos y audiencias con el Alto Comisario (*Diario de África*, n.º 2875 de 6-2-1948: 2) y sobre todo el homenaje que le tributó la Cámara de Comercio de Tetuán, colocando una fotografía suya en el salón de la entidad y otorgándole el título de Presidente honorífico de la misma el 25 de junio de 1951 (véase *Diario de África*, núms. 1399, 1728, 1729 y 1730). Igualmente, siguiendo su proceder habitual de estar presente socialmente en la vida de la ciudad, colaboró con donaciones a entidades, caso de la Asociación de Viudas y Huérfanos del Ejército (*ibid.*: n.º 4171 de 28-5-1949: 2) o con la Cruz Roja para la construcción del Dispensario y Secretariado de Caridad en Tetuán (*ibid.*: n.º 3172 de 14-2-1956: 3).

Esteban Emilio Feliú permaneció vinculado a sus actividades mercantiles en el norte de Marruecos hasta finales de la década de los años 60 del siglo pasado. A partir de entonces fijaría definitivamente su residencia en Barcelona, ciudad en la que murió en el 1 de enero de 1975.

A la vista de su dilatada trayectoria empresarial en el norte de Marruecos (1913-1970), se puede afirmar que Feliú no fue uno más de esos avispados

empresarios que llegaron a Tetuán en el periodo de tránsito a la ocupación militar o en el inicio del Protectorado. A diferencia de Pedro Oliva o de otros muchos compradores de terrenos o contratistas que se presentaron en Tetuán, Feliú siempre tuvo clara, desde su llegada al Protectorado, su filosofía de actuación empresarial, una forma de obrar que le acompañó a través de diferentes sociedades, empresas y ciudades hasta su muerte en 1975: importancia del binomio penetración social y económica; libertad de acción y supremacía de la empresa privada sobre la actividad estatal; no sujeción a normas reguladoras estrictas que coartaran la independencia empresarial (y el beneficio); actitud de colaboración institucional, siempre crítica, cuando fuera precisa para alcanzar sus fines; unidad asociativa con quienes compartían los mismos intereses; utilización de lo que hoy llamaríamos «ingeniería financiera» en los procesos de constitución y disolución de sus sociedades y, por último, y tal vez lo esencial, hacer de la obtención del beneficio el arco de bóveda de su quehacer empresarial, aunque para ello tuviera que situarse, como el buen equilibrista, en el alambre del cumplimiento de la legalidad, o buscarse un «refugio», caso de la Tánger internacional, donde el escapismo legal y la falta de regulación le facilitaban, tras largos años de experiencia, su tarea y sus objetivos.

Para terminar, en cuanto al entramado societario de Feliú y Dorca, hay que indicar que la imposibilidad de acceder a los protocolos notariales originales posteriores a 1923, al no haber transcurrido aún cien años desde las fechas en que se realizaron los actos jurídicos (ventas, liquidación de sociedades, etc.), impide tener una información detallada de la actuación de estas compañías. Antes de la Guerra Civil, en el periodo 1926-1935, ya se ha comentado que fueron abundantes las compras de terrenos, publicadas en los edictos del Registro de la Propiedad, que realizaron sus sociedades. Así, en el Ensanche, la Sociedad General de Comercio compra 1380,8 m² y la Sociedad Inmobiliaria Española en Marruecos realiza diversas compras de solares con una superficie total de 9476,46 m². Por su parte, la Compañía Algodonera Hispano-Marroquí compró más de 438 ha de suelo rústico en la zona de Malalien. El procedimiento seguido en estas actuaciones fue el que habitualmente realizaban estas compañías: continuaban actuando, una vez disueltas, a través de sus comisiones liquidadoras que se encargaban de las compras de nuevos terrenos y de la venta de los que eran de su propiedad.

Concluida la Guerra Civil, sí he podido constar que la Sociedad Inmobiliaria Española en Marruecos realizó operaciones de venta de solares y de cesión de derechos a terceros, con sus correspondientes cartas de pago, de algunos

bienes de su propiedad, y que, pocos años antes del fin del Protectorado, la Compañía Algodonera vendió unos terrenos de labor en Malalien a la Sociedad General de Marruecos (SOGEMA), representada por el hebreo Salomón Marrache en abril de 1952, veintiséis años después del acuerdo societario de disolución. En este caso, Feliú, como presidente de la comisión liquidadora de la Compañía Algodonera, otorgó poderes de venta a su primo Alfredo (afincado en Tetuán en el mismo domicilio de la sociedad compradora) para vender los terrenos a SOGEMA, sociedad representada por Marrache, que a su vez pudo comprar porque ostentaba una delegación de poderes del administrador único de SOGEMA: Esteban Emilio Feliú. Un verdadero galimatías, en los que Feliú era un auténtico experto. Habían pasado los años, pero no había perdido su habilidad en el trasvase de bienes entre sus propias sociedades, en operaciones especulativas que buscaban obtener la máxima rentabilidad económica y depurar los balances de las sociedades en liquidación.

En conclusión, tras la Guerra Civil y durante la dictadura franquista, salvo algunas operaciones mercantiles concretas que he tenido oportunidad de conocer, falta información documental sobre las operaciones de venta realizadas, al no ser aún públicos los protocolos notariales, aunque es de suponer que estas sociedades, todas disueltas y en fase de liquidación, siguieran vendiendo los activos que poseían en solares en Tetuán, máxime con el liquidador residiendo en la cercana ciudad de Tánger. Sí se paralizaron las operaciones de compras, ya que desde 1935 no volvió a publicarse ningún edicto del Registro de la Propiedad de Tetuán sobre compras de bienes por ninguna de las compañías que conformaban el entramado societario vinculado a Feliú y a Dorca.

Feliú, ya por su propia cuenta y tras la Guerra Civil, continuó con su actividad empresarial en el norte de Marruecos, como ha sido expuesto, hasta mediados de la década de los años 60 del siglo pasado. Su primogénito, Emilio Feliú Paules, continuaría con la actividad empresarial que ambos compartían en territorio norteafricano, en especial en Tánger, ciudad en la que permaneció hasta 1975.

A modo de epílogo

El estudio del Ensanche de Tetuán ha llenado decenas de anaqueles de bibliotecas, especialmente a partir de las publicaciones realizadas por el principal investigador del mismo, el profesor Bravo Nieto. Sin embargo, son aún muchos los aspectos que quedan por investigar y en los que resulta necesario profundizar, sobre todo desde la perspectiva humana y socioeconómica, que nos permitan hacer una adecuada interpretación de la configuración de la nueva ciudad, más allá del estudio arquitectónico de sus edificios. Igualmente, también es importante analizar la imbricación de las élites de las diferentes comunidades que integraban la ciudad: la foránea o europea, la hebrea y la musulmana. La interesada interacción de las élites de las tres comunidades debemos considerarla como unos de los factores que propició la génesis u origen de la «nueva ciudad europea» de Tetuán.

En un contexto histórico en el que el colonialismo echaba sus raíces en tierras marroquíes, los comerciantes europeos comenzaron tempranamente a asentarse en la ciudad con la vista puesta en el momento en que se hicieran efectivos los acuerdos entre las potencias internacionales que dieran lugar al inicio del Protectorado español en el norte de Marruecos.

Desde esta perspectiva, se puede afirmar que los años previos a la ocupación española de la ciudad, llevada a cabo por el ejército en febrero de 1913, son de vital importancia para el futuro desarrollo del Ensanche, toda vez que a partir de 1911 se produce la llegada de empresarios españoles y de otras nacionalidades, «capitalistas europeos» les llamaba la prensa de la época, de modo que cuando se configura definitivamente el diseño del Ensanche y sus reglamentos, 1914, los terrenos en los que se asentará la nueva ciudad estarán ya, en un porcentaje importante, en manos privadas.

En este sentido, el pronto asentamiento en la ciudad de representantes de la mediana burguesía comercial y financiera catalana en los años previos a la ocupación de la ciudad por los españoles será vital para la génesis y el posterior inicio y evolución del Ensanche durante su primera década de vida. El papel de esta burguesía se desarrollará a través de la creación de un entramado societario, abanderado por la Sociedad Anónima Oliva Ensanche de Tetuán, que dominará el mercado del suelo urbano, a la vez que iniciará un proceso de penetración social en la ciudad de algunos de sus principales accionistas, copando puestos de responsabilidad en entidades sociales y económicas y, sobre todo, consiguiendo aunar los intereses comunes del conjunto de propietarios españoles, hebreos y musulmanes del Ensanche, del *mellah* y de la «morería» o medina.

Este proceso, dirigido, como se ha indicado, por personajes procedentes de la mediana burguesía catalana, no escapa al contexto sociopolítico que vivía España durante esos años. Un periodo en el que el catalanismo político, liderado por Enric Prat de la Riba y por Francesc Cambó, comienza, desde finales del siglo XIX hasta las dos primeras décadas de la siguiente centuria, a desempeñar un papel de primer orden en la vida política española. La vinculación, directa o indirecta, de los principales actores de la génesis y primer desarrollo del Ensanche al catalanismo político, determinará no sólo una parte de sus principios y modos de actuación, sino también su discurso o narrativa pública: el deseo de establecer un marcado colaboracionismo con las autoridades del Protectorado, pero siempre desde una perspectiva regeneradora y crítica, en línea con el pensamiento ideológico del partido que dominó el nacionalismo conservador catalán hasta la Dictadura de Primo de Rivera: la Lliga Regionalista.

Y al igual que ocurriera en España con el desarrollo urbano de las ciudades a finales del siglo XIX y principios del siglo siguiente, en el que los Ensanches fueron la expresión práctica del surgimiento de la ciudad burguesa, en el caso de Tetuán y de la mano de la Sociedad Anónima Oliva y de sus rectores, la «nueva ciudad europea», anexa a la medina, se desarrollará desde unas bases filosófico-urbanísticas en las que va a prevalecer la primacía de la iniciativa privada sobre la pública, determinando de esta manera la configuración de una nueva urbe pensada por y para la burguesía, alejada de los problemas reales que tenía su población, caso de la vivienda, y que sufría la ingente mano de obra llegada en busca de oportunidades laborales. En síntesis, el Ensanche fue la plasmación práctica de una concepción de ciudad burguesa, cuya génesis responde a un modelo capitalista y especulativo que fue el que dominó su creación y su primer desarrollo.

Anexo biográfico: personajes vinculados a la Sociedad Oliva y a su entramado societario

Oliva Sibil, Pedro (1874-1914)

Contrajo matrimonio en Barcelona con Isabel Rosés Ibbotson en 1903. El novio tuvo en su boda padrinos de cierta resonancia social en su ciudad: «los Excmos señores D. Pedro Garardo Maristany, Comisario regio de instrucción pública en Barcelona y Mister Lay, cónsul general de los Estados Unidos en esta plaza» (*Diario de Barcelona*, n.° 112 de 2-4-1903: 6).

Profesionalmente comenzó como viajante de comercio, recorriendo distintas ciudades de España, trabajando para la empresa de su padre, Francisco Oliva e Hijos, radicada en Barcelona y «dedicada a la venta de duelas de roble, arcos para barriles y toda clase de materiales de madera para construcciones» (*El Regional. Diario independiente de la tarde* (Almería), n.° 1653 de 24-3-1904: 4). Esta actividad comercial estaría reforzada por sus lazos familiares, ya que su suegro, Ramón Rosés Feliú, era propietario de una serie de sociedades vinculadas al sector del hilo y del algodón en Barcelona y además fue socio de Oliva en algunos proyectos empresariales. Tras el fallecimiento de su hija Encarnación, a los cinco días del nacimiento (*La Vanguardia*, n.° 11 527 de 30-3-1905: 1) y el posterior nacimiento de su hijo Alberto un año más tarde, se le pierde la pista totalmente en Barcelona. Su salida de la capital catalana, que tuvo que ver, como veremos en su testamento, con cuestiones matrimoniales, dio paso al comienzo de su aventura africanista. De esta forma, está constatada la presencia de Oliva en la Región Oriental, al menos desde 1908. Efectivamente, en esa fecha se constituye la Compañía Comercial Marroquí con un capital social de 500 000 pesetas, sociedad en la que Pedro Oliva participaría junto a su hermano Francisco y su suegro, y en la que además ejercería las funciones de gerente. La compañía, aunque domiciliada en Barcelona, establece una sucursal en Melilla, ciudad en la que desarrollaría su actividad en el campo de la exportación e importación de productos, en la factoría establecida en Cabo del Agua y en el flete de embarcaciones de mercancías y pasajeros. Su siguiente destino norteafricano será Tetuán[154]. Su temprana llegada a esta ciudad, mayo de 1911, estuvo vinculada a su participación en concursos públicos de infraestructura viaria y la realización de tempranos negocios relacionados con la compra de terrenos donde se proyectaría el futuro Ensanche. En abril de 1913, junto a Esteban Feliú y otros socios, constituyó la Sociedad Oliva-Ensanche de Tetuán, de la que fue su primer gerente, comenzando una ingente actividad orientada, entre otros objetivos, a la urbanización de los terrenos del Ensanche y al proyecto de edificación de viviendas. Solo un año después, en abril de 1914, fue cesado en su puesto de gerente por el Consejo de Administración de la Sociedad Oliva[155]. Regresó a Tetuán realizando un arrendamiento de terrenos al majzén en el mes de septiembre y solo un mes más tarde, octubre de 1914, falleció. Como indiqué en el texto, extrañamente, su fallecimiento no apareció en ninguna noticia de prensa salvo, la ya comentada, en *El Eco de Tetuán*. Un protocolo del Consulado de Tetuán de 1915 se va a constituir en la principal fuente de información sobre los últimos meses de vida de Pedro Oliva y su difícil situación económica[156]. Así, el 1 de julio de 1915 Francisco Oliva Sibil comparece ante el cónsul de Tetuán, en su calidad de administrador y heredero de los bienes dejados por su hermano, para vender a Abraham S. Israel, en representación de Emilio Dahl, la fábrica de aserrar madera que poseía Pedro Oliva en «Bab-Er-Remuz», instalada sobre los terrenos arrendados al majzén, por una duración de 30 años.

Para llevar a efecto la transacción, presenta al cónsul el certificado de defunción de su hermano realizado por el juez del Registro Civil del Distrito del Sur de Barcelona, en el que se indica textualmente:

> Pedro Oliva Sibil natural de Barcelona [...] de cuarenta años de edad [...] domiciliado en Tetuán (Marruecos) falleció a las doce horas cuarenta y cinco minutos del día de anteayer [el certificado está fechado el 27-10-1914] en el Cementerio de Sud-Oeste a consecuencia de traumatismo cerebral

---

[154] La forma de actuar empresarialmente de Oliva pudo estar en el origen de su salida de Melilla y de su llegada a Tetuán.

[155] Más adelante, al examinar la situación económica en que se encontraba Pedro Oliva tras su muerte, puede entenderse la situación de desconfianza del Consejo de Administración en su gerente que provocaría su cese.

[156] Todo lo referente a la defunción, testamento y situación económica de Pedro Oliva Sibil en AHPNM. CT. Protocolo n.º 69 de 1915, ff. 175-194.

Emilio Dahl.-Tánger

Sucursales en Larache y Tetuán
Maderas
y materiales de construcción.—Chapas onduladas.

Figura 47. Anuncio publicitario de Emilio Dahl. *El Eco de Tetuán*, nº 645 de 19-7-1914: 3. Biblioteca General y Archivos de Tetuán

con proyectil [...] A su cadáver se habrá de dar sepultura en el cementerio de Sud-Oeste (AHPNM. CT. Protocolo n.º 69 de 1915, ff. 176 reverso-177).

Solo seis meses antes, el 20 de abril de 1914, había otorgado testamento «por la gracia de Dios en buen estado de salud, pero sabiendo cuan incierto es el momento de la muerte», otorgado en Barcelona ante el notario Antonio Gallardo Martínez, en el que nombraba a su hermano Francisco heredero universal y administrador encargado del pago de sus deudas y consignando en sus últimas voluntades que «las legítimas las transmite a sus hijos por medio de legados». Así:

> A mi hijo Don Alberto Oliva y Rosés[157] lego todas las acciones y derechos que tenga a su fallecimiento en la Compañía Comercial Marroquí. A mi otro hijo [sic], Doña Carmen Oliva y Ameyugo[158] [...], le lego todas las acciones y derechos que me correspondan á mi fallecimiento en la otra sociedad anónima denominada «Sociedad Anónima Oliva Ensanche de Tetuán». De los restantes bienes, derechos y acciones que por cualquier título ó concepto me correspondan á mi fallecimiento, instituyo heredero á mi hermano Don Francisco Oliva y Sibil, con la obligación empero de satisfacer todas las deudas, atenciones y responsabilidades que por toda clase de

---

157 Alberto Oliva Rosés, fruto del matrimonio de Pedro Oliva con Isabel Rosés, falleció a la edad de diez años, el 13 de noviembre de 1916. En su esquela no se hace mención alguna a su padre, solo su madre figura como «Isabel Rosés viuda de Oliva» (*Diario de Barcelona*, n.º 319 de 14-11-1916: 2).

158 El documento de última voluntad nos indica que Pedro Oliva tuvo una hija fuera del matrimonio, a la que reconoció testamentariamente, mientras estuvo casado con Isabel Rosés. Esa relación extramarital pudo ser el origen de su salida de Barcelona hacia el norte de África.

ANUNCIO

Usando de las facultades que me están conferidas en concepto de heredero de D. Pedro Oliva Sibil, para con sus bienes propios pagar las deudas existentes contra el caudal yacente, tengo el honor de citar á Junta voluntaria de sus acreedores, en el local de la fábrica de aserrar maderas de la propiedad del finado, que tendrá lugar el dia once del corriente mes á la hora de las quince, para tomar acuerdos sobre la forma que se ha de dar á la testamentaria para la solución de los créditos, agradeciendo la asistencia.

Francisco OLIVA SIBIL

Figura 48. Anuncio para la convocatoria de una junta voluntaria de acreedores de Pedro Oliva. *El Eco Tetuán*, nº 870 de 1-4-1915: 2. Biblioteca General y Archivos de Tetuán

conceptos pesen sobre mi herencia en forma de que los legados que dejo ordenados a favor de mis citados hijos, lo sean libres por completo de toda atención ó responsabilidad que á mi fallecimiento resulte gravar sobre mi herencia (AHPNM. CT. Protocolo n.º 69 de 1915, ff. 179-180).

La difícil situación económica por la que atravesaba Pedro Oliva le llevó al suicidio, lo cual explica el silencio informativo que rodeó su muerte[159]. La venta del aserrado con todos sus materiales y utensilios era el único medio para cumplir el testamento y poder satisfacer las legítimas a sus dos hijos, toda vez que el Código de Comercio de la época exigía que, para transmitir los bienes a los herederos, había que satisfacer previamente las deudas del testamentario.

---

[159] La doctrina tradicional y el magisterio de la Iglesia católica consideraba el suicidio como un acto moralmente inadmisible. Incluso, hasta los primeros años del siglo XX, los Códigos de Derecho Canónico impedían el enterramiento de los suicidas en «suelo santo», es decir, en los cementerios católicos. Ello explica el silencio de los medios de comunicación sobre su muerte y la no inserción de su esquela mortuoria en la prensa, como era la costumbre habitual, ya que en aquella época las ediciones diarias de los periódicos catalanes abrían en primera página con los fallecidos del día anterior.

A lo largo de la primera semana del mes de abril de 1915, su hermano inserta durante varios días un anuncio en la prensa local de Tetuán convocando una junta voluntaria de acreedores a celebrar el día 10 de abril.

Finalmente, Francisco Oliva llegó a un acuerdo con los acreedores, cuya cifra alcanzaba el número de treinta entre particulares, compañías, bancos, prestamistas..., cifrándose el total de la deuda pendiente de pago en 47 668,85 ptas. Entre los acreedores figuraban nombres conocidos de la sociedad tetuaní como Isaac Toledano, Moisés Sananes, Mordojay Chocrón, Ignacio Alcaraz o Jaime Sol (*ibid.*, ff. 190-191).

Una vez escriturada la venta del aserrado, por el que Emilio Dahl pagó 50 000 pesetas, a través del administrador judicial se procedió a saldar el conjunto de todas las deudas que Pedro Oliva había dejado contraídas y, de ese modo, transferir los bienes legados a sus hijos.

Feliú Esquivel, Esteban Emilio

Nació en La Habana en 1880, hijo del matrimonio formado por José Feliú Tió e Isabel Esquivel Oliva. Se casó con María Teresa Paules Bueno, con la que tuvo tres hijos, Emilio, María Teresa y Jorge. El primogénito, Emilio, acompañó a su padre en su etapa marroquí tras la Guerra Civil.

Desde su juventud estuvo vinculado al mundo empresarial del comercio y participó en la vida y la gestión de instituciones catalanas del sector, caso del Círculo Mercantil de Barcelona o del Casino Hispano-Americano (*Diario de Barcelona*, n.° 126 de 6-5-1915: 3). Como tantos otros empresarios catalanes, pronto fijó su mirada en la zona norte del continente africano, zona a la que, desde 1913, permanecería unido durante toda su vida. Aparece por primera vez por Tetuán en marzo de 1913 y solo dos semanas después constituyó en Barcelona, junto a Oliva y otros socios, la Sociedad Oliva-Ensanche de Tetuán, que sería el soporte principal de toda su actividad empresarial en la ciudad. A partir de 1917 desarrollará una intensa participación en las instituciones sociales y económicas de Tetuán, ejerciendo puestos directivos en el Casino Español, en la Cruz Roja, en la Asociación de Propietarios de Tetuán, en la Junta de Subsistencias de la zona y en la Cámara de Comercio de Tetuán, de la que fue su presidente entre 1918 y 1919. Además, intervino en el Consejo de Administración de otras empresas radicadas en la ciudad, caso de la Compañía Algodonera Hispano-Marroquí, y ejerció la presidencia de la

Agrupación Minera de Marruecos (*El Noticiero Universal* (Barcelona), n.º 11 423 de 5-10-1921: 7).

Tras su dimisión de la Cámara de Comercio de Tetuán regresó a Barcelona en 1919, centrando toda su actividad en la capital catalana en el mercado bursátil, a través de la sociedad Dorca y Feliú, creada en febrero de 1920. En la actividad bursátil desarrolló una intensa actividad corporativa, llegando a ser vicepresidente y más tarde presidente, entre 1931-1936, de la Junta del Mercado Libre de Valores de Barcelona, el conocido como «Bolsín», mercado paralelo a la Bolsa oficial (*La Vanguardia*, n.º 20 874 de 17-1-1931: 8 y n.º 21 201 de 6-2-1932: 11) y presidente de la Asociación de Corredores Libres de Cambio y Bolsa (*Diario de Barcelona*, año 138, n.º 302 de 15-12-1929: 7), desde cuyos cargos tuvo una intensa relación con los sectores económicos de la ciudad.

Tras la Guerra Civil española, Feliú se radicó como expatriado en Tánger desde 1940. Allí continuó con la actividad empresarial centrada en el proceso de liquidación de los bienes de sus sociedades (venta de solares, cesiones de derechos...), la actividad financiera, de la que el cambio de divisas era parte esencial, y fiduciaria, la administración inmobiliaria y la explotación minera. En esos años montó, como fue la tónica de su vida, nuevas sociedades en Tánger y en Tetuán. A finales de la década de los años 60 del siglo pasado regresó definitivamente a España, fijando su residencia en Barcelona. Murió el 1 de enero de 1975.

Dorca Blanch, Alfredo

Nacido en Olot (Gerona)[160] en 1884, fue el primogénito de los cinco hijos del matrimonio formado por Salvador Dorca Turón y Rosalía Blanch. Sus dos hermanos varones, Juan y Claudio, participarían con él y con Feliú en el entramado societario de Tetuán.

---

[160]   Alfredo Dorca, al igual que otras personas vinculadas con las compañías analizadas, caso de Legares, tenían en común, el nacimiento en la ciudad de Gerona y su vinculación con el catalanismo conservador de la Lliga. Este último hecho no es casual. Olot y la comarca de La Garrocha, en la que se enclava, fueron desde las primeras elecciones en que se presentó la Lliga (1901, elecciones generales al Congreso de los Diputados), un feudo tradicional de este partido, de modo especial entre los votantes de los sectores industriales y comerciales (véase, Riquer Permanyer 2002: 53 y 488).

Estudió Derecho y, aunque seguiría vinculado políticamente a Gerona, fue trasladando su campo de actividad profesional y social a Barcelona. Se casó en primeras nupcias con Joaquina Sureda Iglesias y al quedarse viudo volvió a contraer matrimonio con Flor García Carlus, con quien no tuvo descendencia (*Diario de Barcelona*, n.º 228 de 24-9-1965: 20).

Su acomodada posición económica hunde sus raíces a comienzos del siglo XX cuando su padre, Alfredo Dorca Turó, fundara en 1904 en Olot una pequeña entidad financiera, Banca Dorca y Cia. (Inclán Sánchez 2018: 177), que extendió su radio de acción por otras localidades gerundenses, caso de Cassá de la Selva o Figueras, ya que con anterioridad, en 1896, Dorca Turó se había adentrado en el mundo financiero al asociarse a la Casa de Banca Perxas y Compañía, con la que constituirían más tarde Perxas Dorca y Cia.[161].

La Banca Dorca y Cia. se inscribiría en la Asociación de Banqueros de Barcelona y en la Agrupación de la Banca Española del Nordeste de España. Igualmente, actuaba como corresponsal del Banco de Bilbao en Olot, participando en la suscripción de emisiones públicas de empresas, caso de la Sociedad Hidro-Eléctrica del Ampurdán o de la Compañía Telefónica Nacional de España, o en la suscripción pública de obligaciones del Estado (*La Vanguardia*, n.º 18 860 de 3-1-1921: 2; n.º 18 866 de 23-12-1922: 20 y n.º 19 583 de 24-11-1926: 4).

La Banca Dorca y Cia., hasta su desaparición[162], se constituirá en soporte de algunas de las iniciativas empresariales realizadas por los hermanos Dorca, con el primogénito de la familia como la figura que abrirá el mundo

---

161   Perxas, Dorca y Compañía, que cambiaría su denominación a Perxas y Cía. en 1932, fue absorbida por el Banco de Bilbao en 1947 (Inclán Sánchez 2018: 182 y 269).

162   La Banca Dorca y Cía. cambió su nombre en 1948 por Banca Dorca S.A. Unos años más tarde, los propietarios recibieron una oferta de compra de la familia Pujol, padre e hijo. Al no poder hacer frente a los doce millones de pesetas que solicitaban sus dueños, recurrieron a nuevos socios, entre otros Jaume Carner, alto directivo de las grandes azucareras españolas que sería el presidente de la Banca una vez comprada, y Moisés David Tennenbaum, judío de origen polaco, que se convirtió en el máximo accionista, aunque no figuró entre los compradores (Guixá y Trallero 2019: 219-223). Efectivamente, la Banca Dorca fue comprada en 1959 por la familia Pujol (Florenci Pujol Brugat, su hijo Jordi Pujol Soley y Francesc Cabana Vancells cuñado de Jordi Pujol), «quienes junto a diferentes empresarios, se harán con este banco» (Inclán Sánchez 2018:47, nota 58). Los nuevos propietarios, que «aspiraban a "hacer país"» (*ibid.*: 177), mantuvieron el nombre de Banca Dorca S.A. hasta 1961, cuando pasó a denominarse Banca Catalana, S.A., trasladando su domicilio social a Barcelona y convirtiéndose en la referencia financiera nacional de Cataluña, aunando «pasta y patria. Ideología y poder» (Amat Fusté 2018: 303). Banca Catalana fue absorbida por el Banco Bilbao-Vizcaya Argentaria, S.A. en el año 2000 (Inclán Sánchez 2018: 47, 177, 186, 202 y 270), después de que el Banco de España y el Fondo de Garantía de Depósitos intervinieran la entidad en 1982: el coste de su saneamiento ascendería a 83 000 millones de pesetas, «la crisis más grave de la historia financiera española» (Amat Fusté 2020: 130).

de los negocios más allá de la actividad puramente financiera en la provincia de Gerona.

En el campo profesional, además de las sociedades que desarrolló en Tetuán, Alfredo Dorca orientó una parte de su labor a través de la compañía Dorca y Feliú, creada en 1920, centrándose en los mercados bursátiles y siendo miembro activo de la Asociación del Mercado Libre de Valores de Barcelona, sección de corredores de cambio y bolsa. Además, fue miembro del Consorcio del Puerto Franco de Barcelona, en representación del Ayuntamiento de la ciudad (*La Vanguardia*, n.º 22 403 de 31-12-1935: 12).

En el campo social y político, participó activamente en la vida del Ateneo de Barcelona, primero como vicesecretario (*Diario de Barcelona*, n.º 152 de 1-6-1920: 5) y más tarde como presidente de la sección de Comercio (*Diario de Barcelona*, año 133, n.º 134 de 1-6-1924: 21). Durante la República entró de lleno en la vida política militando en la Lliga Regionalista, el partido fundado por Prat de la Riba para el reconocimiento de la identidad de Cataluña y para representar los intereses de la burguesía conservadora catalana, formando parte de la candidatura de este partido por la provincia de Gerona a las elecciones al Parlamento de Cataluña de 1932 y en la candidatura a las elecciones municipales de Barcelona de 1933. Fue consejero del Ayuntamiento de Barcelona nombrado por su partido en 1935 e integrante de la sección de Economía de la Lliga en el mismo año.

Tras la Guerra Civil y a pesar de que los principales líderes de la Lliga, caso de Cambó o Ventosa, apoyaron económica, propagandística y diplomáticamente la causa de los militares golpistas (Riquer Permanyer 2002: 521-530), el catalanismo se convirtió en objetivo de persecución y depuración. Así, como consecuencia de su actividad política, finalizada la Guerra Civil se le incautaron sus bienes hasta que, por resolución del Tribunal Regional de Responsabilidades Políticas de Barcelona, fue absuelto, «recobrando la libre disposición de sus bienes» (*Boletín Oficial del Estado*, n.º 217, Anexo único de 5-8-1941: 3038).

Tras este incidente, Dorca continuó su vida empresarial en Cataluña sin ninguna visibilidad pública, dando muestras de la obligada integración que requería el régimen franquista para la supervivencia de quienes tenían un «pasado oscuro», a los que solo les quedaba la opción de plegarse o la de la inexistencia. Así, están documentadas las participaciones de Alfredo Dorca con donativos monetarios en suscripciones públicas (las listas de donativos se publicaban en los periódicos con el objetivo de visibilizar públicamente a los desafectos que no participaban) a beneficio de las viudas y huérfanas de los ejércitos de la IV Región Militar[163].

Murió en Barcelona el 20 de septiembre de 1965. Una sencilla y pequeña esquela comunicó el óbito (*Diario de Barcelona*, n.° 228 de 24-09-1965: 20 y *El Noticiero Universal*, Año 77, n.° 24 706 de 7-10-1965: 35).

Castaño Capetillo, José

Socio constituyente y primer presidente del primer Consejo de Administración de la Sociedad Oliva. Formó parte como vocal del Casino Hispano Americano (*La Vanguardia*, n.° 191 de 9-5-1913: 4) y de la junta consultiva de la Unión Mercantil Hispano-Americana (*Diario de Barcelona*, n.° 21 de 21-1-1917: 4). Formó parte de la sociedad Trillo, Galiana y Del Valle, junto a Feliú, Gauna y Trillo.

Cía González, Marcelino

Nacido en Ceuta en 1871. En esta ciudad comenzó su actividad laboral como maestro interino en una escuela municipal (*África, periódico semanal de las posesiones españolas*, n.° 233 de 17-10-1891: 2). Su conocimiento de la zona le permitió entrar muy pronto en contacto con la compañía Oliva. Fue el gran escudero de Feliú en el trabajo de sus sociedades en Tetuán. Se incorporó a la Sociedad en 1914, tras el cese de Pedro Oliva como gerente, y desde entonces su actividad laboral estuvo vinculada a la compañía. En los primeros años figuraba en los poderes que le otorgaba la compañía con la profesión de empleado o de fotógrafo y, a partir de mayo de 1917, como administrador general nombrado a tal fin por el Consejo de Administración de la Sociedad Oliva (AHPNM. CT. Protocolo n.° 170 de 1918). Igualmente, se hizo cargo de la administración del entramado de las nuevas sociedades que el grupo Feliú-Dorca irá creando en Tetuán. Ello no fue óbice para que emprendiera algunas actividades por su cuenta, ajenas a estas sociedades. Así, en 1923 comenzó a representar en Tetuán a la Sociedad Anónima de Edificios Norteamericana, empresa especializada en la construcción de casas de madera (*El Eco de Tetuán*, n.° 3020 de 10-2-1923: 3).

---

163   Véase al respecto, entre otros, *Diario de Barcelona*, año 170, n.° 224, de 12-10-1960: 34 y año 171, n.° 243 de 12-10-1961: 43.

Có y Borrel, José

Asume el puesto de gerente de la Sociedad Oliva en mayo de 1920, en sustitución de Francisco Legares. Con posterioridad, ejercería como secretario del Consejo de Administración hasta el acuerdo de disolución de la compañía. Igualmente, a partir de agosto de 1923, formaría parte del Consejo de Administración de la Sociedad Inmobiliaria Española de Marruecos y de su comisión liquidadora en 1925.

Dorca Blanch, Claudio y Juan

Hermanos de Alfredo Dorca, participarían activamente junto a su hermano mayor en las nuevas sociedades constituidas en Tetuán para suplir la disolución de la Sociedad Oliva. En este sentido, formaron parte del Consejo de Administración de la Sociedad General del Comercio, junto a Alfredo Dorca y a Feliú, sociedad en la que ambos alternarían la función de gerente.

En el caso de Claudio, figura también como socio constituyente de la sociedad Dorca & Feliú y del Consejo de Administración de la Sociedad Inmobiliaria Española de Marruecos y de su comisión liquidadora.

Dorca Surera, Alfredo y Joaquín

Hijos de Alfredo Dorca Blanch, actúan como liquidadores de la Sociedad Inmobiliaria Española en Marruecos, por acuerdo de la asamblea general de la comisión liquidadora del 28 de junio de 1937.

Alfredo, extendió su actividad industrial al sector de la piel durante más de 30 años, llegando a ser vicepresidente del Salón Iberpiel (*Hoja Oficial del lunes*. Editada por la Asociación de la Prensa. Época Tercera, n.° 1658 de 18-1– 1971: 17), que anualmente, desde 1970, acogía la mayor exposición de productos y fabricantes del sector de la piel de España. Igualmente, durante el periodo 1953-1964 inscribió múltiples iniciativas en el Registro de la Propiedad Industrial.

Feliú García, Alfredo

Primo de Esteban Feliú, fijó su residencia en Tetuán, donde fue el responsable *in situ* de la Sociedad General de Comercio (SOGEMA), sociedad constituida ante el cónsul de Tetuán el 13 de marzo de 1943 y radicada en la calle del Generalísimo n.º 22, de la que Esteban Feliú era administrador único.

Gauna Lizaur, Servando

Constituyó en 1908, junto a Esteban Feliú, la sociedad Esteban E. Feliú, Sociedad en Comandita dedicada a operaciones de cambio y bolsa y la sociedad Feliú-Gauna, que fue una de las responsables de la financiación de las actuaciones de la Sociedad Oliva en Tetuán. Participó activamente en el Círculo de la Unión Mercantil Hispano-Americana, formando parte de su Junta Directiva y de su junta consultiva entre 1925 y 1931 (*Diario de Barcelona*, n.º 21 de 27-1-1925: 20; n.º 27 de 1-2-1927: 17 y n.º 32 de 6-2-1927: 21 y *El Noticiero Universal*, n.º 14 724 de 27-1-1931). Igualmente formó parte de la sociedad dedicada a la fabricación textil Masaguer y Legares (*La Vanguardia*, n.º 15 944 de 5-4-1917: 9) y del Consejo de Administración de la Sociedad Oliva (AGPNM. CT. Protocolo n.º 234 de 1920), en la que ejerció temporalmente la presidencia.

Gelis Forgas, Jaime

Figura como uno de los administradores de la Sociedad Oliva radicados en Tetuán, tras el cese como gerente de Pedro Oliva en abril de 1914. En las escrituras en las que actúa en representación de la Sociedad Oliva, figura con la profesión de maestro de obras o albañil, indistintamente. Casado con una prima de Francisco Legares, gerente tras el cese de Oliva, era un hombre de confianza de la compañía que compartió la responsabilidad inicial de representar a la sociedad en Tetuán junto a Marcelino Cía González. A partir de 1915 acomete como contratista diferentes obras de construcción en el Ensanche de Tetuán y en Martil.

Legares Sargatal, Francisco

Socio constituyente de la Sociedad Oliva y uno de sus principales accionistas. Sustituyó como gerente a Pedro Oliva en 1914, ocupando el cargo hasta mayo de 1920, en que dimitió por problemas de salud. Creó en 1917, junto a Francisco Masaguer, la sociedad Masaguer y Legares, dedicada al sector del hilo y el algodón, de la que también formó parte Servando Gauna Lizaur (*La Vanguardia*, n.° 15 944 de 5-4-1917: 9). Vinculado al comercio internacional, formó parte de la Junta Directiva del Círculo de la Unión Mercantil Hispano-Americano (*La Vanguardia*, n.° 16 590 de 16-1-1919: 5). Igualmente formó parte, en el sector minero, de la Agrupación Minera de Marruecos y de la Compañía Algodonera Hispano-Marroquí. Falleció en Barcelona el 8 de diciembre de 1921 a los 52 años de edad (*La Vanguardia*, n.° 18 105 de 15-1-1922: 3).

Olivella Arenas, Luis Gonzaga

Empresario catalán vinculado al mundo textil y al sector del comercio. Participó en el Círculo de la Unión Mercantil Hispano-Americana (*Diario de Barcelona*, n.° 69 de 10-3-1909: 8), en el Centro Algodonero de Barcelona y en la Junta Directiva del Colegio Oficial de Agentes Comerciales de la misma ciudad (*La Vanguardia*, n.° 19 452 de 24-6-1926: 9 y n.° 19 713 de 29-4-1927: 10). Socio constituyente de la Compañía Algodonera Hispano-Marroquí, en la que participaría en su Consejo de Administración como secretario y como gerente.

Trillo Durán, Juan

Socio constituyente en la fundación de la Sociedad Oliva en abril de 1913, formando parte del primer Consejo de Administración de la Sociedad, puesto que mantiene, al menos, hasta 1915. En 1914 constituyó junto a otros socios, la sociedad Trillo, Galiana y Del Valle, dedicada «al ejercicio de la industria pesquera y a las negociaciones relacionadas con la misma» (AHPNB. Escritura n.° 703 de 1914, ff. 703-720. Notario: Luis Rufasta Banus), a la que se incorporan como socios Esteban Feliú, Servando Gauna y José Castaño Capetillo, todos ellos a su vez socios de la Sociedad Oliva.

Fuentes primarias y bibliografía consultada

Archivos y hemerotecas

ARCA. Arxiu de Revistes Catalanes Antigues.
Archivo General de Ceuta (AGCE).
Archivo General de la Administración. Alcalá de Henares (AGA).
Archivo Histórico de Protocolos Notariales de Barcelona (AHPNB).
Archivo Histórico de Protocolos Notariales de Madrid. Consulado de Tetuán, 1854-1918 (AHPNM. CT.).
Archivo General de Protocolos Notariales de Madrid. Consulado de Tetuán, 1919-1923 (AGPNM. CT.).
Biblioteca de Catalunya. Arxiu històric de la Ciutat de Barcelona.
Biblioteca General y Archivos de Tetuán (BGAT).
Biblioteca Nacional de España:

— Biblioteca digital hispánica.

— Hemeroteca digital.

Biblioteca Pública Adolfo Suárez de Ceuta.
Biblioteca virtual de prensa histórica. Ministerio de Cultura.
Hemeroteca digital. Arxiu històric de la Ciutat de Barcelona.
Hemeroteca digital del diario *ABC* (Madrid).
Hemeroteca digital del diario *El Faro de Ceuta* (Ceuta).
Hemeroteca digital del diario *La Vanguardia* (Barcelona).
Hemeroteca Municipal. Ayuntamiento de Madrid.

Boletines, revistas y diarios consultados

ABC (Madrid), n.º 300 de 6-11-1905; 18-2-1918 y 4-6-1918.
África española (Madrid), n.º 4 de 30-9-1913; n.º 10 de 30-12-1913; n.º 10 de 30-12-1913; n.º 31 de 30-12-1915 y n.º 45 de 28-2-1917.
África, periódico semanal de las posesiones españolas (Ceuta), n.º 233 de 17-10-1891.
Ahora (Madrid), n.º 583 de 27-10-1932.

Boletín Oficial de la zona de influencia española en Marruecos, n.° 27 de 10-5-1914; n.° 17 de 10-9-1916; n.° 6 de 25-3-1917; n.° 7 de 10-4-1917; n.° 5 de 10-3-1918; n.° 11 de 10-6-1918 y n.° 18 de 25-9-1918.

Boletín Oficial del Estado, n.° 217. Anexo único de 5-8-1941.

Boletín Oficial del Protectorado español en Marruecos, n.° 5 de 10-3-1920; n.° 19 de 10-10-1920; n.° 7 de 10-4-1924; números 9 y 10 de mayo de 1924; n.° 12 de 25-6-1925; n.° 24 de 25-12-1925; n.° 13 de julio de 1924; n.° 12 de 25-6-1926; n.° 13 de 10-7-1927; n.° 1 de 15-1-1926; n.° 13 de 10-7-1927; n.° 2 de 25-1-1929; n.° 9 de 10-5-1930; Anexo al n.° 8 de 1931; Anexo al n.° 34 de 1933; Anexos a los núms. 2, 6, 8, 13 y 14 de 1934; Anexos a los núms. 20 y 29 de 1935; n.° 15 de 12-4-1946; n.° 43 de 28-10-1949 y n.° 23 de 6-6-1952.

Caras y Caretas. Semanario festivo, literario, artístico y de actualidades (Buenos Aires), n.° 375 de 9-12-1905.

Diario África, n.° 373 de 14-2-1947.

Diario de África (Tetuán), n.° 637 de 20-12-1947; n.° 2875 de 6-2-1948; n.° 4171 de 28-5-1949; n.° 1399 de 3-6-1950; n.° 1729 de 23-6-1951; n.° 1728 de 24-6-1951; n.° 1730 de 27-6-1951; suplemento especial de 31-12-1951; n.° 2985 de 9-7-1955; n.° 3172 de 14-2-1956 y n.° 3588 de 15-6-1957.

Diario de Barcelona, n.° 112 de 2-4-1903; n.° 69 de 10-3-1909; n.° 51 de 20-2-1913; n.° 126 de 6-5-1915; n.° 319 de 14-11-1916; n.° 21 de 21-1-1917; n.° 152 de 1-6-1920; año 133, n.° 134 de 1-6-1924; n.° 21 de 27-1-1925; n.° 27 de 1-2-1927; n.° 32 de 6-2-1927; año 138, n.° 302 de 15-12-1929; n.° 20 874 de 17-1-1931; n.° 21 201 de 6-2-1932; año 170, n.° 224 de 12-10-1960; año 171, n.° 243 de 12-10-1961; n.° 228 de 24-9-1965 y s/n de 18-7-1972.

El Álbum Ibero-americano (Madrid), n.° 40 de 30-10-1907.

El Borinot. Setmanari de Barrila (Barcelona), n.° 23 de 11-12-1924.

El cañón rayado. Periódico metralla de la Guerra de África (Barcelona), n.° 21 de 15-3-1860.

El Correo Español (Madrid), n.° 7320 de 20-2-1913.

El Defensor del contribuyente (Madrid), n.° 248 de 5-12-1908.

El Diluvio. Diario político de avisos, noticias y decretos (Barcelona), n.° 36 de 5-2– 1906.

El Eco de Tetuán (Tetuán), n.° 4 de 8-11-1911; n.° 25 de 25-1-1912; n.° 72 de 14-7-12; n.° 88 de 12-9-12; n.° 103 de 2-11-12; n.° 123 de 22-12-1912; n.° 645 de 19-7-1914; n.° 736 de 25-10-1914; n.° 821 de 4-2-1915; n.° 822 de 5-2-1915; n.° 823 de 6-2-1915; n.° 848 de 6-3-1915; n.° 874 de 9-4-1915; n.° 925 de 8-6-1915; n.° 927 de 10-6-1915; n.° 968 de 31-7-1915; n.° 994 de 20-8-1915; n.° 1000 de 27-8-1915; n.° 1001 de 28-8-1915; n.° 1013 de 11-9-1915; n.° 1083 de 2-11-1915; n.° 1101 de 18-12-1915; n.° 1016 de 15-9-1916; n.° 1017 de 16-9-1916; n.° 1380 de 21-11-1916; n.° 1381 de 22-11-1916; n.° 1426 de 16-1-1917; n.° 1432 de 23-1-1917; n.° 1447 de 9-2-1917; n.° 1374 de 10-7-1917; n.° 1458 de 31-10-1917; n.° 1511 de 2-1-1918; n.° 1582 de 8-4-1918; n.° 1608 de 4-5-1918; n.° 1641 de 28-6-1918; n.° 1675 de 7-8-1918; n.° 1681 de 14-8-1918; n.° 1695 de 30-8-18; n.° 1864 de 2-4-1919; n.° 1865 de 3-4-1919; n.° 1675 de 7-8-1918; n.° 2161 de 5-4-1920; n.° 3020 de 10-2-1923; n.° 3113 de 4-6-1923; n.° 3282 de 31-12-1923 y n.° 3283 1-1-1924.

El Fígaro (Madrid), n.° 65 de 18-10-1918 y n.° 232 de 5-4-1919.

El Financiero hispano-americano (Madrid), n.º 399 de 20-11-1908 y n.º 668 de 16-1-1914.

El Heraldo de Madrid, n.º 8310 de 1-9-1913.

El Imparcial (Madrid), n.º 15 890 de 30-5-1911.

El Mundo (Madrid), n.º 811 de 13-1-1910; n.º 1306 de 26-5-1911; n.º 1317 de 6-6-1911; n.º 1315 de 7-6-1911; n.º 1321 de 10-6-1911; n.º 1322 de 11-6-1911; n.º 1327 de 16-6-1911; n.º 1.341 de 30-6-1911; n.º 1343 de 2-7-1911; n.º 1382 de 10-8-1911; n.º 1432 de 29-9-1911; n.º 1476 de 1-12-1911; n.º 1447 de 2-11-1911; n.º 1727 de 10-8-1912; n.º 1762 de 14-9-1912; n.º 1835 de 26-11-1912.

El Norte de África (Tetuán), n.º 2271 de 28-12-1923; n.º 2279 de 6-1-1924 y n.º 3514 de 7-10-1927.

El Noticiero Universal (Barcelona) n.º 11 423 de 5-10-1921; n.º 14 724 de 27-1-1931; año 62, n.º 19 622 de 1-6-1949 y año 77, n.º 24 706 de 7-10-1965.

El Regional. Diario independiente de la tarde (Almería), n.º 1653 de 24-3-1904.

El Sol (Madrid), n.º 527 de 16-5-1919.

El Telegrama del Rif (Melilla), n.º 1231 de 19-1-1906; n.º 1974 de 26-6-1908; n.º 10 057 de 8-6-1917 y n.º 7279 de 10-2-1921.

España (Tánger), n.º 2245 de 18-1-1946; n.º 2535 de 30-12-1946; n.º 4775 de 22-8-1951; n.º 5690 de 10-8-1954; n.º 6039 de 16-9-1955 y n.º 7303 de 29-12-1959.

España en África (Madrid), n.º 6 de 10 de octubre de 1905.

Faro (Madrid), semanario n.º 41 de 29-11-1908.

Gran Vida (Madrid), n.º 182 de 1-8-1918.

Hoja Oficial del lunes (Madrid). Editada por la Asociación de la Prensa. Época Tercera, n.º 1658 de 18-1– 1971.

La Acción (Madrid), n.º 1495 de 24-4-1920.

La Actualidad financiera (Madrid), n.º 9929 de 9-11-1921.

La Atalaya (Santander), n.º 7793 de 19-3-1913.

La Construcción Moderna (Madrid), n.º 23 de 15-12-1915 y n.º 8 de 30-4-1918.

La Correspondencia de España (Madrid), n.º 19 474 de 7-6-1911; n.º 20 098 de 20-2-1913; n.º 10 778 de 19-3-1913; n.º 20 275 de 16-8-1913 y n.º 20 569 de 6-6-1914.

La Correspondencia militar (Madrid), n.º 10 778 de 19-3-1913.

La Época (Madrid), n.º 23 635 de 6-8-1916.

La Gaceta de África (Tetuán), números extraordinarios enero 1935 y enero 1936.

La Gaceta de Madrid, n.º 209 de 28-7-1918.

La Ilustración española y americana (Madrid), año XLVI, n.º XIX de 22-5-1902.

La Opinión (Madrid), n.º 1148 de 27-10-1927.

La Unión Ilustrada (Málaga), n.º 755 de 20-4-1924.

La Vanguardia (Barcelona) n.º 11 527 de 30-3-1905; n.º 14 474 de 19-3-1913; n.º 14 525 de 10-5-1913; n.º 14 639 de 1-9-1913; n.º 14 732 de 3-12-1913; n.º 14 733 de 4-12-1913; n.º 14 810 de 20-2-1914; n.º 16 310 de 10-4-1918; n.º 16 468 de 15-9-1918; n.º 18 860 de 3-1-1921; n.º 18 105 de 15-1-1922; n.º 18 866 de 23-12-1922; n.º 19 452 de 24-6-1926; n.º 19 583 de 24-11-1926; n.º 19 713 de 29-4-1927; n.º 19 999 de 28-3-1928; n.º 20 874 de 17-1-1931; n.º 21 201 de 6-2-1932; n.º 22 403 de 31-12-1935; s/n de 28-5-1972 y n.º 50 726 de 21-11-2022.

La Veu de Catalunya (Barcelona), n.° 4949 de 20-2-1913, edición vespertina; n.° 4910 de 20-2-1913, edición vespertina y n.° 21 070 de 23-2-1935.

La Voz (Madrid), n.° 305 de 21-6-1921.

Madrid científico (Madrid), n.° 867 de 1915 y n.° 906 de 1917.

Memorias Diplomáticas y Consulares e Informaciones. Consulado de Tetuán. Madrid. Centro de Información Comercial. Ministerio de Estado, núms. 116 de 1905, 195 de 1909 y 312 de 1912.

Mundo Gráfico (Madrid), n.° 69 de 19-2-1913; n.° 256 de 20-9-1916 y s/n de 24-4-1918.

Nuevo Mundo (Madrid), n.° 567 de 17-11-1904; n.° 988 de 12-12-1912 y n.° 1760 de 14-10-1927.

Revista África (Madrid), n.° 88 de abril de 1949.

Revista de Tropas Coloniales (Madrid), n.° 3 de marzo de 1924 y n.° 5 de mayo de 1924.

Revista Hispano-africana (Madrid), n.° 11 de noviembre de 1923; n.° 20 de agosto de 1926 y núms. 34 y 35 de octubre-noviembre de 1927.

Revista ilustrada de banca, ferrocarriles, industria y seguros (Madrid), s/n de 10-2-1914.

Revista Nacional de Economía (Madrid), núms. 1-3 de 30-4-1919.

Unión Ibero-Americana (Madrid), n.° 3 de marzo de 1913.

Bibliografía consultada

Akalay Nasser, M. (2023): *El ensanche de Tetuán (1860-1956): Síntesis de su historia urbana y arquitectónica.* Granada: Editorial Alhulia (Ensayos Saharianos).

Álvarez Junco, J. (2017): *Dioses útiles. Naciones y nacionalismos.* Barcelona: Galaxia Gutenberg.

Álvarez Junco, J. y Shubert, A. (eds.) (2018): *Nueva historia de la España contemporánea.* Barcelona: Galaxia Gutenberg (edición digital).

Álvarez Sanz y Tubau, E. (1930-1936): *Maroc Espagnol. Comité Official de Tourisme. Tètouan.* Tetuán: Comité Oficial de Turismo. Impreso en Barcelona: Huecograbado Mumbrú.

Amat Fusté, J. (2018): *Largo proceso, amargo sueño. Cultura y política en la Cataluña contemporánea.* Barcelona: Tusquets Editores (edición digital).

Amat Fusté, J. (2020): *El hijo del chófer.* Barcelona: Tusquets Editores (edición digital).

Anuario del comercio, de la industria, de la magistratura y de la administración (Madrid), 1898 y 1903.

Anuario estadístico: zona de protectorado y de los territorios de soberanía de España en el Norte de África. (1944). Madrid: Instituto Nacional de Estadística.

Arrumi, El Tebib (1924): «La causa de muchos males. La actuación del periodista en la guerra colonial», en *Revista de Tropas Coloniales* (Madrid), n.° 3, marzo de 1924, pp. 19-20.

Aziza, M. (2013): «La sociedad marroquí bajo el Protectorado español (1912-1956)», en Aragón Reyes M. (dir.): *El Protectorado español en Marruecos: la historia trascendida.* Volumen I. Bilbao: Iberdrola.

Bonelli, E. (1885): *Nuevos territorios españoles de la Costa del Sahara*. Madrid: Imprenta de Fornatet.

Bravo Nieto, A. (1997): «El peso de la historia en la arquitectura de los ingenieros del ejército. Algunos ejemplos en el ámbito norteafricano», en *Boletín de Arte*, n.° 18, 1997, pp. 285-306. Málaga: Universidad de Málaga.

Bravo Nieto, A. (2000): *Arquitectura y urbanismo español en el norte de Marruecos*. Sevilla: Junta de Andalucía. Consejería de Obras Públicas y Transportes.

Bravo Nieto, A. (2005): «Tetuán un modelo ecléctico de ciudad: entre el neoárabe y el art déco», en VV. AA.: *Arquitecturas y ciudades hispánicas de los siglos XIX y XX en torno al Mediterráneo occidental*, pp. 169-216. Melilla: Edita Centro Asociado de la UNED de Melilla.

Bravo Nieto, A. (2014): «Una guía desconocida de la ciudad de Tetuán: el Tetuán artístico y pintoresco de Juan Beigbeder y Antonio Got», en *Revista Intercultural Dos Orillas*, núms. 13-14, pp. 16-23. Algeciras.

Burdiel Bueno, I. (2015): *Isabel II: Una biografía (1830-1904)*. Barcelona: Penguin Random House Editorial, S.A.U.

Caballero Echevarría, F. (2013): *Intervencionismo español en Marruecos (1898–1928): Análisis de factores que confluyen en un desastre militar, «Annual»* [tesis doctoral]. Madrid: Universidad Complutense. https://eprints.ucm.es/id/eprint/23082/1/T34806.pdf [consulta: 19-6-2022].

Callejero Guía de Tetuán de 1936 I y II. Tetuán: Editorial Hispano-Africana, 1936.

Calderwood, E. (2019): *Al Ándalus en Marruecos. El verdadero legado del colonialismo español en el Marruecos contemporáneo*. Córdoba: Editorial Almuzara (edición digital).

Cañabate Pérez, J. (2021): «El régimen de la propiedad en el Protectorado español de Marruecos: colonización jurídica y marginación de las formas tradicionales», en *Ius Fugit. Revista de Cultura Jurídica*, n.° 24, pp. 267-299. Zaragoza: Universidad de Zaragoza.

Castillo Puche, J.L. (1960): *Diario íntimo de Alfonso XIII*. Madrid: Biblioteca Nueva.

Compañía Electras Marroquíes: http://www.lahistoriatrascendida.es/electras-marroquies/ [consulta: 20-5-2022].

Cortés, J.M. (2009): «En la ciudad blanca» en *Suplemento económico dominical Dinero. La Vanguardia*, 4-7-2010, pp. 8-9.

Cruz Soriano, J. (2014): *El surgimiento de la cultura burguesa. Personas, hogares y ciudades en la España del siglo XIX*. Madrid: Siglo XXI de España Editores S.A. (edición digital).

De Inclán Sánchez, M.ª y Calleja Fernández, A. (eds.) (2019): *Guía de Archivos Históricos de la Banca en España*. Madrid: Banco de España.

De la Torres, J. y Vélez-Rubio, M. M. (2015): *La financiación exterior del desarrollo industrial español a través del IEME (1950-1982)*. Estudios de Historia Económica, n.° 69. Madrid: Banco de España.

Del Pino, D. (2003): «La contribución de los catalanes a la formación del Tánger moderno en la década de los 60», en *Revista Afkar/Ideas*, n.° 1 de diciembre de 2003, pp. 111-115. Barcelona: Instituto de Estudios del Mediterráneo.

De Madariaga, R.M. (2007): «El Protectorado Español en Marruecos: algunos rasgos distintivos y su proyección en el presente», en *Anales de Historia Contemporánea*, n.º 23 de marzo, pp. 171-182.

De Ojeda Eiseley, A. (1998): *Índices de precios en España en el período 1913-1987*. Madrid: Banco de España. Servicio de Estudios. Estudios de Historia Económica, n.º 17.

De Riquer Permanyer, B. (2022): *Cambó. El último retrato*. Barcelona: Editorial Crítica (edición digital).

De Roda Jiménez, R. (1917): *La obra económica y social de la Compañía Española de Colonización en 1916*. Madrid: Editorial Hispano-Africana.

De Roda Jiménez, R. (1946): *La labor de España en Marruecos (1944-1945)*. Tetuán: Imprenta de Mazjen.

España, A. (1954): *La pequeña historia de Tánger*. Tánger: Distribuciones Ibéricas.

Ferrater Mora, J. (1980): *Les formes de la vida catalana i altres assaigs*. Barcelona: Edicions 62.

García Balañá, A. (2002): «Patria, plebe y política en la España isabelina: la guerra de África en Cataluña (1859-1860)», en Martín Corrales, E. (ed.): *Marruecos y el colonialismo español (1859-1912)*, pp. 13-77. Barcelona: Ediciones Bellaterra.

García Ceballos, J. F. (1919-1920, 1921-1922 y 1922-1923): *Anuario Garciceballos: Información de Sociedades Anónimas. Economía nacional*. Madrid. Edición: «Ilustración Financiera».

García de Cortázar, F. (2020): *Y cuando digo España. Todo lo que hay que saber*. Madrid: Arzadia Ediciones.

Gil Benumeya, R. (1927): «La estética del Ensanche», en *Revista Hispano africana*, n.º 36 de diciembre de 1927, pp. 10-12.

Gil Benumeya, R. (1934a): «El nacionalismo marroquí y los problemas económicos de Marruecos», en *Revista Nuestra Raza*, n.º 120 de julio de 1934, pp. 12-16.

Gil Benumeya, R. (1934b): «España debe fomentar el nacionalismo marroquí», en *Revista Nuestra Raza*, n.º 123 de octubre de 1934, pp. 12-13.

Gil Benumeya, R. (1936): «Tetuán, capital del Protectorado. Los barrios árabes de Tetuán y sus valores arquitectónicos», en *La Gaceta de África* n.º extraordinario de 1936, pp. 39-42.

González Calleja, E. (2010): «El catalanismo en la hora del imperialismo. Un estudio excepcional sobre la proyección hispánica del nacionalismo *lligaire*», en *Studia Historica. Historia Contemporánea*, 23. Recuperado a partir de https://revistas.usal.es/uno/index.php/0213-2087/article/view/6037 [consulta: 22-4-2022].

Gortázar Echevarría, G. (2021): *Romanones: la transición fallida a la democracia*. Madrid: Espasa Libros.

Guixá Cerda, J. y Trallero de Arriba, M. (2019): *Pujol. Todo era mentira (1930-1962)*. Córdoba: Editorial Almuzara (edición digital).

Ibn Azzuz Haquim, M. (1952): «La ciudad de Tetuán y su municipio», en *Revista de Estudios de la Vida Local*, n.º 64, pp. 535-554. Madrid: Instituto Nacional de Administración Pública.

Información comercial española. Madrid: Ministerio de Comercio. Oficina de estudios económicos, n.° 233, enero de 1953, p. 139.

La Acción Hispano-Africana y la Compañía Española de Colonización. Madrid: Hispano-Africana, [191-?]. Fullets de la Biblioteca de l'Ateneu Barcelonés. BAD Digital.

Líndez Vílchez, B. (coord.) (2018): *Cementerio, Medina y Ensanche de Tetuán. Tres unidades morfológicas y una única realidad patrimonial* [trabajo final del proyecto de investigación]. Granada: financiado por la Consejería de Fomento y Vivienda de Junta de Andalucía, 2018.

López Enamorado, M. D. (1988): «Fondos bibliográficos sobre el Estrecho de Gibraltar en la Biblioteca General y Archivos de Tetuán», en Ripoll Perelló, E. (coord.): *Actas del Congreso Internacional «El Estrecho de Gibraltar, Ceuta, 1987»*, pp. 9-18. Madrid: Universidad Nacional de Educación a Distancia.

López García, B. (1973 y 2007): «España en África: génesis y significación de la decana de la prensa africanista del siglo XX», en *Almenara*, n.° 4, pp. 33-55 y reproducido en el libro del mismo autor: *Marruecos y España. Una historia contra toda lógica*. Sevilla: RD Editores-Historia.

Macías Fernández, D. (2013): «Las campañas de Marruecos (1909-1927)», en *Revista Universitaria de Historia Militar*. Vol. 2, n.° 3, pp. 58-71. Teruel: Centro de Estudios de la Guerra-RUHM.

Maluquer de Motes i Bernet, J. (2006): ««La paradisíaca estabilidad de la anteguerra». Elaboración de un índice de precios de consumo en España, 1830-1936», en *Revista de Historia Económica*, n.° 2, otoño 2006, año XXIV, pp.333-382. Madrid: Universidad Carlos III.

Marchán Gustems, J. (2019): «Protectorado español de Marruecos. La fiebre colonizadora y el impacto de Annual», en *Revista Universitaria de Historia Militar*, Vol. 8, n.° 16, pp. 61-81.

Martín Corrales, E. (2002): «El nacionalismo catalán y la expansión colonial española en Marruecos: de la guerra de África a la entrada en vigor del Protectorado (1860-1912)», en Martín Corrales, E. (ed.): *Marruecos y el colonialismo español (1859-1912)*, pp. 167-215. Barcelona: Ediciones Bellaterra.

Martín Corrales, E. (2006): «Un siglo de viajes y viajeros catalanes por tierras del norte de África y Próximo Oriente (1833-1939): peregrinos, nostálgicos y colonialistas», en *Illes i imperis: Estudios de historia de las sociedades en el mundo colonial y post-colonial*, pp. 83-112. Barcelona: Universidad Pompeu Fabra.

Martín Corrales, E. (2011): «El posicionament colonialista d'Enric Prat de la Riba i les guerres del Marroc» en *Recerques. Història, Economia, Cultura*, n.° 62, pp. 117-148. https://raco.cat/index.php/Recerques/article/view/326120/416659 [consulta: 19-9-2022].

Mas Garriga, J. (2019): *La transformación de la ciudad de Tánger durante el periodo diplomático (1777-1912): arquitectura y urbanismo* [tesis doctoral]. Tarragona: Universitat Rovira i Virgili. https://core.ac.uk/download/pdf/326039575.pdf [consulta: 7-2-2022].

Mateo Dieste, J. L. (2003): *La «hermandad» hispano marroquí. Política y religión bajo el Protectorado español en Marruecos (1912-1956)*. Barcelona: Editorial Bellatera.

Morales Lezcano, V. (2015): *El colonialismo hispano-francés en Marruecos (1898-1927)*. Granada: Universidad de Granada.

Moreno Luzón, J. (2023): *El rey patriota. Alfonso XIII y la nación*. Barcelona: Galaxia Gutemberg (edición digital).

Núñez Seixas, J.M. (2018): «Naciones y nacionalismos en España, siglos XIX y XX», en Álvarez Junco, J. y Shubert, A. (eds.) (2018): *Nueva historia de la España contemporánea*, pp. 286-314. Barcelona: Galaxia Gutenberg (edición digital).

Ojeda Mata, M. (2014): «Protección y naturalización española de judíos en el Marruecos colonial», en Herrera Clavero, F., Weil Rus, A., Ruiz García, J.L., Alarcón Caballero, J.A. (eds.): *Los judíos en Ceuta, el Norte de África y el Estrecho de Gibraltar. XVI Jornadas de Historia de Ceuta, 2013*, pp. 277-301. Ceuta: Instituto De Estudios Ceutíes 2014.

Ortega Pichardo, M. L. (1923): «Impresiones de un viaje», en *Revista Hispano-africana*, n.º 11 de noviembre de 1923, pp. 295-301.

Pastor Garrigues, F. M. (2006): *España y la apertura de la cuestión marroquí (1897-1904)* [tesis doctoral]. Valencia: Universitat de Valencia. Servei de publicacions.

Quiroga Fernández de Soto, A. (2022): *Miguel Primo de Rivera. Dictadura, populismo y nación*. Barcelona: Editorial Planeta.

Real Academia de la Historia: https://dbe.rah.es/biografias/9053/leopoldo-torres-balbas [consulta: 22-4-2023].

Reseña geográfica y estadística de España. Dirección General del Instituto Geográfico y Estadístico. Madrid: Imprenta del Instituto Geográfico y Estadístico, 1888.

Reseña geográfica y estadística de España. Ministerio de Instrucción Pública y Bellas Artes. Madrid: Imprenta de la Dirección General del Instituto Geográfico y Estadístico, tomos I-III, 1912-1914.

Rojo Cagigal, J. C. (2009): «Los orígenes de los mercados bursátiles en España, 1800-1939», en *Bolsa: revista mensual de bolsas y mercados españoles*, pp. 40-46. Madrid: Sociedad Rectora de la Bolsa de Valores de Madrid.

Serrano Sáenz de Tejada, G. (2013): *De la Guerra de Marruecos y el combate que no debió ser*. Madrid: Ministerio de Defensa.

Serrano Segura, M. M. (1991): «La ciudad percibida. Murallas y ensanches desde las guías urbanas del siglo XIX», en *Geo Crítica. Cuadernos Críticos de Geografía Humana*, n.º 91. Barcelona: Universidad de Barcelona.

Torres Balbás, L. (1923): «La arquitectura española en Marruecos», en *Revista de Arquitectura*. Vol. V, pp. 139-142.

Townson, N. (2018): «El controvertido camino hacia la modernización: 1914-1936», en Álvarez Junco, J. y Shubert, A. (eds.): *Nueva historia de la España contemporánea*, pp. 135-166. Barcelona: Galaxia Gutenberg (edición digital).

Ucelay-Da Cal, E. (2018): *Breve historia del separatismo catalán. Del apego a lo catalán al anhelo de la secesión*. Barcelona: Ediciones B (edición digital).

Urteaga L., Nadal, F. y Muro, J.I. (2004): «Los planos urbanos de la Comisión de Marruecos (1882-1908)», en *Ería Revista de Geografía*, núms. 64-65, pp. 261-283. Oviedo: Ediciones de la Universidad de Oviedo.

Agradecimientos

A lo largo de este trabajo he contado con la colaboración de personas e instituciones a las que quisiera expresar mi agradecimiento.

En primer lugar, a la nueva colección *Mediterráneo: Textos y Estudios* de la Editorial de la Universidad de Sevilla y a la directora de la misma, la profesora López Enamorado, por su entusiasmo para poner en marcha este proyecto editorial y por confiar en mí para el inicio de lo que será, con toda seguridad, un fructífero camino para ahondar en el conocimiento de un espacio común, el Mediterráneo, que ha sido y es una confluencia de pueblos y culturas a lo largo de la historia.

A la dirección y al personal de la Biblioteca General y Archivos de Tetuán, que durante muchos meses ha sido mi casa, que me han brindado toda clase de facilidades para la consulta de los materiales hemerográficos y fotográficos existentes.

Al personal del Archivo Histórico de Protocolos Notariales de Barcelona, en especial a Jordi Tor Azorín, director de Gestión y Atención al usuario del Archivo, que me ha facilitado, con una profesionalidad exquisita, el trabajo de localización de algunas escrituras.

Al personal del Archivo Histórico de Protocolos Notariales de Madrid, donde se encuentran las escrituras del Consulado de Tetuán, y al personal del Archivo General de Protocolos Notariales de Madrid, de manera especial a Fernando Marco, oficial mayor del Colegio, gracias a cuyas gestiones pude acceder a la documentación histórica allí existente.

A D. Emilio Feliú Paules, hijo mayor de Feliú, que me atendió amablemente y me proporcionó, con una memoria formidable a pesar de su edad, información sobre su padre y sobre las actividades empresariales que ambos realizaron en el norte de Marruecos.

A José Luis Gómez Barceló, la persona que mejor conoce el mundo de la fotografía durante el Protectorado, que me ha facilitado materiales de su extraordinaria colección y, sobre todo, que me ha ido orientando con sus amenas y sabias conversaciones.

A Antonio Bravo Nieto, que, con su amplísima investigación sobre los aspectos arquitectónicos e históricos del Protectorado español en Marruecos, ha sido el faro que nos ha dado luz a quienes nos hemos adentrado en estos temas.

A Pedro Luis Egea Vega, tetuaní que trabaja por preservar la memoria familiar, que me ayudó en la localización de materiales relacionados en el tema tratado en el Archivo General de la Administración de Alcalá de Henares.

Por último, quisiera indicar que para quienes vivimos en un rincón del extrarradio de la península, la labor de digitalización de materiales que realizan algunas instituciones como la Biblioteca Nacional de España, el Ministerio de Cultura, el Consejo Superior de Investigaciones Científicas y tantas otras que citarlas haría interminable la relación, no solo sigue siendo una tarea esencial para la preservación de muchos materiales y documentos que se encuentran en una situación que no es la deseada y que sufren un proceso de deterioro, sino que también es fundamental para facilitar nuestro trabajo, porque la distancia se constituye en muchas ocasiones en un obstáculo insalvable para la investigación. En este sentido, quiero finalizar el trabajo indicando la necesidad urgente de digitalización de algunos de los fondos hemerográficos de la Biblioteca General y Archivos de Tetuán, en especial de aquellos diarios, caso de *El Eco de Tetuán*, que solo podemos encontrarlos en esta institución.

Gracias a todos.

Este libro se acabó de imprimir
el 26 de diciembre de 2024